SEGELKRIEGSSCHIFFE

Das See-Treffen bey Malaga

ULRICH ISRAEL · JÜRGEN GEBAUER

Segelkriegsschiffe

MILITÄRVERLAG
DER DEUTSCHEN DEMOKRATISCHEN
REPUBLIK

Vorderseite des Einbands

Während des griechischen Freiheitkriegs 1821 bis 1829 gegen die Türkei sollten England, Frankreich und Rußland als Schutzmächte vermitteln. Um diesem Anliegen Nachdruck zu verleihen, erschien am 20. Oktober 1827 ein vereinigtes Geschwader mit 28 Schiffen und 1276 Kanonen in Navarino. Nachdem die Türken das Feuer eröffnet hatten, kam es zur Schlacht gegen 66 türkische und ägyptische Schiffe mit 2000 Kanonen sowie 165 Küstengeschützen. Nach vierstündigem Bombardement waren über 60 Schiffe mit 7000 Mann in Navarino zerstört. Der Ausschnitt aus dem Gemälde von I. K. Aiwasowski zeigt das Flaggschiff «Asow» der russischen Division (die aus je 4 Linienschiffen und Fregatten bestand) im Kampf. Die «Asow» erhielt bei der Versenkung von 5 türkischen Schiffen 156 schwere Rumpftreffer, davon 7 unter der Wasserlinie

Rückseite des Einbands

Englands berühmtestes Segelkriegsschiff, der Dreidecker «Victory», dargestellt auf einem Stich von E. W. Cooke aus dem Jahre 1828. Das Schiff liegt auf der Reede von Portsmouth und diente zu jener Zeit als Flaggschiff des Hafenadmirals. In Rufweite ankert eine für den Kohlentransport hergerichtete Brigg

Vorsatz

Der Stahlstich aus dem Jahre 1871 zeigt verschiedene Bug- und Heckansichten von authentischen Segelkriegsschiffen und Schraubenkorvetten. Links oben: Bug- und Heckansicht des französischen Linienschiffs «L'Invincible» aus dem Jahre 1747 (74 Kanonen); links unten: Heck und Galion (spitz zulaufender Anbau am Steven) eines englischen Dreideckers von 1758. Rechts oben: Bug- und Heckansicht von einem englischen Linienschiff aus dem Jahre 1820 (120 Kanonen); rechts Mitte: elliptisches oder Rundheck eines Segellinienschiffs, wie es ab 1820 in Rußland («Emmanuel») und England («Asia») als wesentliche Verbesserung im Schiffbau erstmals angewendet wurde; weiterentwickelte Heckform einer Schraubenkorvette Mitte des 19. Jahrhunderts; rechts unten: Galion und Vorschiff der 1868 gebauten Schraubenkorvette «Elisabeth» des Norddeutschen Bundes, die mit 28 Kanonen bestückt war (später als Fregatte klassifiziert)

Nachsatz

Seitenriß und Ausrüstungsdetails einer Schraubenkorvette mit 28 Kanonen aus dem Jahre 1868. Das Schiff führte seine Bestückung in einer geschlossenen Batterie und wurde daher als gedeckte Korvette bezeichnet. Später reihte man solche Korvetten in die Klasse der Fregatten ein. Nach einem Stahlstich aus dem Jahre 1871

Gegenüber dem Titel

Zeitgenössischer Kupferstich von J. A. Corvinus mit der Darstellung der Seeschlacht vor Malaga am 24. August 1704, dem einzigen größeren Treffen zwischen Flotten im Spanischen Erbfolgekrieg 1702 bis 1723

ISBN 3-327-00476-5

© Militärverlag der Deutschen Demokratischen Republik (VEB) – Berlin, 1982

INHALT

DAS ENTSTEHEN DER SEGELKRIEGSFLOTTEN

Der vorliegende Band will einen Überblick über die Entwicklung der Kriegsschiffe und der Schiffsartillerie in der Segelschiffsära vermitteln. Umfang und Vielschichtigkeit des Gegenstands zwangen zum Verzicht auf wichtige Einzelheiten. Um in erster Linie einen weiten Leserkreis anzusprechen, wurde eine Beschränkung auf Wesentliches angestrebt und besonderer Wert auf die Aussagekraft der Illustrationen gelegt.

Nur knapp zweieinhalb Jahrhunderte beherrschten die Segelkriegsschiffe die Meere, und ihre Zeit ist längst vergangen. Aber immer noch wecken Linienschiffe und Fregatten des 17. bis 19. Jahrhunderts mit ihren mächtigen kanonenstarrenden Rümpfen und hochgetürmten Leinwandpyramiden unser Interesse, weil sie imposante Zeugnisse einer hochentwickelten Handwerkskunst und Seemannschaft sind, aber auch als Instrumente einer gnadenlos betriebenen See-

Ende des 16. Jahrhunderts deuteten sich bereits wesentliche Veränderungen im Bau der Segelkriegsschiffe an. Eine neue Ära im Bau englischer Segelkriegsschiffe stellt dieses Linienschiff aus der Zeit der Königin Elisabeth (1558–1603) dar. Es soll etwa 1100 t Wasserverdrängung und 68 Kanonen gehabt haben

machtpolitik, Ausbeutung und kolonialen Unterdrückung entwickelt und genutzt wurden. Segelkriegsschiffe erlangten im Verlaufe ihrer Evolution, die im engen Zusammenhang stand mit der Entwicklung der Produktivkräfte und der Herausbildung der Bourgeoisie, einen hohen Grad an technischer, seemännischer und militärischer Vollkommenheit. Erst die umwälzenden Fortschritte, die Mitte des 19. Jahrhunderts die Gesellschaft, Wissenschaft und Technik erschütterten, vermochten die mächtigen Segelkriegsflotten zum Niedergang zu verurteilen und das militärische Seewesen von Grund auf zu erneuern.

Jede antagonistische ökonomische Gesellschaftsformation hat sich im Verlaufe der historischen Entwicklung eine Seekriegsflotte geschaffen, die ihren wirtschaftlichen und technischen Möglichkeiten sowie ihrer politischen Zielstellung entsprach.

Die Herausbildung der Kriegsflotten des 17. bis 19. Jahrhunderts, der Bau ihrer Schiffe und die Herstellung der maritimen Waffen und Kampftechnik vollzogen sich vor allem im Zusammenhang mit Expansions- und Eroberungsprogrammen, die mit dem Aufkommen der kapitalistischen Produktionsweise die Ziele bourgeoiser Raubkriege bestimmten.

Nach dieser französischen Darstellung aus dem 14. Jahrhundert trugen hier Engländer und Flamen ein Seegefecht ohne den Einsatz von Feuerwaffen aus. Es erscheint beinahe als unwahrscheinlich, daß auf den damals meist stark schlingernden Schiffen, noch dazu mit angelegten Schutzwaffen wie Helm und Harnisch, gekämpft werden konnte

Segelkriegsflotten spielten bei der Schaffung und Festigung der wirtschaftlichen und politischen Macht der ökonomisch am stärksten entwickelten Meeresanliegerstaaten eine wichtige, vielfach sogar die entscheidende Rolle.

Das Segelschiff hatte schon mit seinem im 15. Jahrhundert erreichten Entwicklungsstand – dazu zählten vor allem das mittschiffs am Heck angeordnete Steuerruder, die Einführung mehrmastiger Takelagen mit Rahsegeln sowie die Anordnung von Zwischendecks im Rumpf und schließlich die Erfindung klappbarer Seitenluken (Geschützpforten) – eine Reihe bedeutsamer Vorteile gegenüber den Riemenschiffen aufzuweisen. Es war *das* Fahrzeug der geographischen Entdeckungen und des aufblühenden Seehandels. Vom 15. und 16. Jahrhundert an beherrschten hochbordige und tragfähige Dreimastsegler die Meere, wozu natürlich die Einführung von Kompaß, Seekarten und Sex-

tant in entscheidendem Maße beitrugen. Dank ihrer robusten Bauweise erreichten Segler eine höhere Seetüchtigkeit als Riemenschiffe. Ihre vergleichsweise stabilere und umfangreichere Takelage sowie die besseren Unterbringungsmöglichkeiten für die Besatzung ermöglichten lange Hochseefahrten. Zugleich war die Durchschnittsgeschwindigkeit und, entsprechenden Wind vorausgesetzt, ihre Manövrierfähigkeit höher als die der Galeeren. Und sie hatten noch einen weiteren Vorteil aufzuweisen, der für die Herausbildung reiner Segelkriegsschiffe und ihre weitere Evolution entscheidend werden sollte: Ihre gesamte Breitseite bot sich, bei entsprechender Bauausführung des jeweiligen Schiffes, für die Aufstellung von Geschützen an. Damit waren im Grunde genommen die Weichen für die Entstehung des Segelkriegsschiffs gestellt.

Aber vor Anbruch des 17. Jahrhunderts war noch kein Grund für eine radikale Trennung von Handels- und Kriegssegelschiffen gegeben. Um bei Auseinan-

Diese Darstellung zeigt das englische Schiff «The Griffin» zusammen mit anderen Galeonen um 1588 unter vollen Segeln

Genuesische Karacke von 1549, bei der offensichtlich die Bewaffnung nur der Selbstverteidigung diente. Das Schiff weist im Heckbereich bereits Verzierungen und Schmückungen auf, die aber die im 17. Jahrhundert übliche Prachtentfaltung noch nicht erreichen

dersetzungen mit Piraten und händelsüchtigen Konkurrenten bestehen zu können, genügte es, die Fracht- und Fischereisegler mit einigen Kanonen zu bestücken und Konvoischiffe einzusetzen. Bei diesen handelte es sich meist um größere Segler mit relativ starker Bestückung, die selbst wertvolle Fracht beförderten.

Aus diesem Grunde waren die Segelkriegsschiffe bis zum Ende des 16. Jahrhunderts größtenteils mehr oder weniger stark bewaffnete Kauffahrteisegler. Dies

betraf die Koggen und Hulke, Karacken und Naos, Karavellen und Galeonen ebenso wie die Fleuten, Pinaßschiffe und Ostindienfahrer, denen oftmals von späteren Zeitgenossen irrtümlich der Status eines Kriegsschiffs zuerkannt wurde.

Aus heutiger Sicht gesehen, erscheint es sogar fraglich, die zu jener Zeit sehr großen und überaus kostspieligen Prunkschiffe einiger führender Handelsstädte, wie Venedig und Lübeck, und feudaler Herrscher als Kriegsschiffe zu klassifizieren. Ungeachtet ihrer

Das englische Prunkschiff «Henry Grace à Dieu» von 1514 galt als das größte Kriegsschiff seiner Zeit, hatte aber nur geringen Kampfwert. «Great Harry», wie die Engländer es nannten, war gefährlich instabil, dazu noch schwerfällig und nur bei ruhigem Wetter zu segeln. Anfänglich soll die Karacke die gewaltige Zahl von 186 Feuerrohren besessen haben. Zusätzlich zur 700köpfigen Besatzung waren 400 Seesoldaten an Bord

«Great Harry» nach dem Umbau im Jahre 1540. Die Takelage ist wesentlich modifiziert worden. Durch die Aufbautengestaltung sollte das Schiff wie eine schwimmende Festung wirken

nach zeitgenössischen Berichten sehr zahlreich mitgeführten Geschütze (genannt werden 100 und mehr),
bei denen es sich aber überwiegend um kleinkalibrige
Feuerrohre handelte, die gegenüber anderen Schiffen
selbst auf Nahdistanz wirkungslos waren, hatten solche Kolosse wie die englische Karacke «Henry Grace
à Dieu» (1514) und das hansische Admiralsschiff
«Großer Adler von Lübeck» (1566) nur einen geringen militärischen Wert, zumal es Einzelschiffe waren.
Um so größer war aber die Bedeutung solcher Schiffe

bei Besuchs- und Demonstrationsfahrten einflußrei-
cher Handelsherren und Fürsten, nicht zuletzt weil
diese Schiffe unter den damaligen Verhältnissen rie-
senhaft und äußerst repräsentativ wirkten.

Selbst als mit Beginn des 17. Jahrhunderts infolge
zunehmender bewaffneter Auseinandersetzung zwischen den west- und nordeuropäischen Handels- und
Fischereirivalen der Bedarf an Segelkriegsschiffen
sprunghaft zunahm, blieben die seefahrttreibenden
Nationen vorerst noch dabei, im Kriegsfall vor allem

Bei dieser Galeone aus der Zeit der spanischen Armada sind die hochragenden Heckaufbauten besonders auffallend. Die Unterrahen der beiden vorderen Masten sind mit sichelförmigen Haken versehen, die das Schiff im Nahkampf am Gegner festhalten sollen

nachträglich oder zusätzlich bewaffnete Frachtsegler als Kriegsschiffe einzusetzen. Durch das Einziehen verstärkter Zwischendecks, das Einschneiden zusätzlicher Geschützpforten, die Aufstellung schwererer Geschütze und die Einrichtung entsprechender Unterkunfts- und Vorratsräume ließen sich größere Kauffahrteischiffe relativ leicht in Kriegsschiffe verwandeln. Das betraf vor allem die niederländischen, englischen und französischen Ostindiensegler, meist Schiffe mit einer Wasserverdrängung von 1000 bis 1500 t, die 30 bis 50 Kanonen tragen konnten. Die gleichzeitige Verwendung von unterschiedlichen Kriegs- und Handelsschiffen brachte den großen

Nachteil für derartig formierte Kriegsflotten mit sich, daß ihr Schiffsbestand bunt zusammengesetzt war aus Fahrzeugen aller Größen und Bauarten, deren einheitlicher und geordneter Einsatz große Schwierigkeiten bereitete.

Die internationale Lage und gleichzeitig die Situation auf den Meeren veränderten sich im 17. Jahrhun-

Spanische Galeonen unterschiedlicher Bauart, wie sie bis in das 17. Jahrhundert hinein verwendet wurden. Während die Stärke der Bewaffnung beim linken Schiff auf ein Kriegsschiff hinweist, scheint der rechte Segler mehr ein bewaffnetes Frachtschiff zu sein. Die Unterbringung der leichten Kanonen in den kastellartigen Aufbauten der linken Galeone ist auf den Nahkampf zugeschnitten

dert, als im Ergebnis des Freiheitskampfs der Niederlande (1568–1648) und durch den Sieg der bürgerlichen Revolution in England (1642–1649) im welthistorischen Maßstab die feudale Gesellschaftsordnung verfiel und sich der Manufakturkapitalismus zu entwickeln begann. Die bisher führenden Handels-, Kolonial- und Seemächte Spanien und Portugal mußten

Naues Bellies

Nauis Mercatoria Hollandica per Indias Orientales

infolgedessen ihre Positionen an die Niederlande und England abtreten.

Die Kolonialisierung großer Küstengebiete auf dem asiatischen, amerikanischen und afrikanischen Kontinent, die Ausbreitung der Schiffahrt und des Seehandels sowie die Befreiung großer Bauernmassen aus der Leibeigenschaft und deren Umwandlung in freie Lohnarbeiter waren entscheidende Ursachen für das schnelle wirtschaftliche und politische Erstarken dieser Länder.

Niederländische Schiffe aus der ersten Hälfte des 17. Jahrhunderts. Der Vergleich zwischen einem Zweidecker-Linienschiff und zwei Ostindienfahrern zeigt, daß die Unterschiede zwischen Kriegs- und Handelsschiff in den Niederlanden hauptsächlich in der Bewaffnung und in der Aufgabenstellung bestanden. Nach einem Stich von Wenzel Hollar

England und die Niederlande entwickelten sich zu Seemächten und brachen das Monopol ihrer Vorgänger. Beide schickten ganze Flotten bewaffneter Frachtsegler auf die Meere hinaus, um Spaniern und Portugiesen Kolonien und Handelsniederlassungen in Übersee abzujagen und zugleich deren Seehandel an sich zu reißen. Auch die relativ unbedeutende Flotte Brandenburg-Preußens war vor allem als Instrument der territorialen Expansion und der kolonialen Eroberung entstanden. Zudem sollte sie eine Teilnahme an den großen Gewinnen aus dem überseeischen Waren- und Sklavenhandel in gewisser Weise ermöglichen.

Die Ausplünderung der kolonial unterdrückten Länder wurde eine der Grundlagen für die ursprüngliche Akkumulation des Kapitals in Europa. Mit der Umwandlung der hohen Gewinne in Kapital war eine

Englische Kriegsschiffe zu Beginn des 17. Jahrhunderts. Oben in der Mitte und unten in den Rißdarstellungen die «Sovereign of the Seas», die allgemein als das erste Dreidecker-Linienschiff galt. Sie wurde 1635/37 gebaut, besaß aber auf Grund übertriebener Größe, Bauhöhe und Bewaffnung (104 Kanonen) mangelhafte Stabilität. Das Schiff mußte dreimal umgebaut werden, erreichte dann aber ein Alter von 59 Jahren. Die Wasserverdrängung soll etwa 1800 t betragen haben. Rechts oben das erste in England im Jahre 1640 als Fregatte gebaute Segelkriegsschiff «Speaker»

der Voraussetzungen gegeben, daß die kapitalistische Produktionsweise mehr und mehr bestimmend wurde.

Das aber schuf die Grundvoraussetzung für einen raschen Aufschwung des Schiffbaus, für die vermehrte Produktion von immer besseren und größeren Segelschiffen. Schiffbau, Seehandel und Seefischerei in Europa wurden damals von den Niederländern be-

herrscht, die sich stolz die «Fuhrleute Europas» nannten. Mitte des 17. Jahrhunderts zählte ihre Handelsflotte 16 000 Segelschiffe. Zur gleichen Zeit hatten die Engländer 4000 und die Franzosen 300 Kauffahrteischiffe. Um 1650 fuhren 6000 Ostseefahrer unter niederländischer Flagge, während in diesem für die europäischen Staaten insgesamt sehr wichtigen Fahrtbereich zusammengenommen nur 1700 englische und französische Schiffe tätig waren. Die von den niederländischen Schiffbaumeistern entwickelten Fleuten und Ostindienfahrer dienten in allen europäischen

Darstellung eines französischen Zweidecker-Linienschiffs Mitte des 17. Jahrhunderts. In seiner Art entspricht es der 1636 gebauten «La Couronne» (Krone), deren Wasserverdrängung mit rund 2400t berechnet wurde und die mit 72 Kanonen bestückt war. Französische Segelkriegsschiffe waren oftmals günstiger proportioniert, schneller und seetüchtiger als gleichaltrige englische Schiffe

L. Bakhuizen fec: et exc: cum Privil: ordin: Holland: et Weſt Frisia.

Seeschiffswerften als Vorbild für den Bau von Handels- und Kriegssegelschiffen.

Der Wettlauf Englands und der Niederlande um die Führungsposition im Seehandel und um die Gewinnung von Kolonien wurde im 17. Jahrhundert zum erbitterten Machtkampf, der sich auf viele Meere erstreckte und in den immer mehr Länder hineingezogen wurden. Die Niederlande, Spanien, Portugal, Frankreich, aber auch Schweden und Dänemark kämpften, oft gemeinsam mit anderen Staaten, vor allem gegen England, dessen aufstrebende Bourgeoisie

In diesem Stich von Ludolf Bakhuisen wird Amsterdam von der Seeseite dargestellt. An Fischerei- und Frachtseglern vorbei verläßt ein Linienschiff den Hafen. Amsterdam hatte damals bereits über 100 000 Einwohner und war der wichtigste europäische Umschlagplatz

sich zur Aufgabe gestellt hatte, alle Kolonial- und Handelsrivalen auszuschalten. Brandenburg–Preußen versuchte u. a. durch den Kaperkrieg seinen Teil am Reichtum zu erlangen. Rußland beteiligte sich vor allem deshalb nicht an der Aufteilung überseeischer Territorien, weil es zu dieser Zeit noch keinen Zugang zu den Weltmeeren und daher auch keine Kriegsflotte besaß.

In der Gesamtheit gesehen, führte diese Entwicklung dazu, daß sich die bis zur Mitte des 17. Jahrhunderts überwiegend regional ausgetragenen militärischen Konflikte in die mehrere Nationen erfassenden Handelskriege der zweiten Hälfte des 17. Jahrhunderts und des 18. Jahrhunderts verwandelten. Der verschärfte und erweitert ausgetragene Konkurrenzkampf zwischen den Nationen wurde letztlich durch Seekriege geführt und entschieden.

Diesen Zeitpunkt, der etwa 1650 bis 1660 erreicht war, charakterisierte Friedrich Engels treffend wie folgt: «Die Ära der kolonialen Unternehmungen, die jetzt für alle seefahrenden Nationen anbrach, erlebte … die Bildung großer Kriegsflotten, um die neugegründeten Kolonien samt dem Handel zu schützen; es folgte eine Periode, die an Seekämpfen reicher und für die Entwicklung der Schiffsarmierung fruchtbarer war als irgendeine vorangegangene … Und erst seit dieser Zeit können wir eigentlich von Kriegsflotten sprechen.»

Die von 1652 bis 1674 zwischen den Niederlanden und England mit teilweiser großer Härte geführten drei Kriege, in die sich zuletzt auch noch Frankreich einmischte, beschleunigten den Prozeß der Entstehung qualitativ neuer Segelkriegsschiffe und der Herausbildung regulärer Kriegsflotten in diesen Ländern. Bereits die Seekriege in dieser Entwicklungsphase der Segelschiffsflotten zeigten: Eine starke Kriegsflotte in der Hand des Monarchen, des Vertreters der herrschenden Feudalklasse oder der Führungskräfte des aufstrebenden Bürgertums war wesentlich schlagkräftiger als die bisher üblichen Geschwader bewaffneter

Kauffahrteisegler samt den wenigen, meist erst in Vorbereitung oder im Verlaufe eines Krieges gebauten oder im Ausland gemieteten Kriegsschiffen. Bis zum Ende des 17. Jahrhunderts entstanden daher in allen europäischen Staaten nach dem Vorbild der Niederlande, Englands und Frankreichs solche regulären Flotten. Auch Rußland begann, nachdem es an der Jahrhundertwende die Zugänge zum Asowschen Meer und zur Ostsee freigekämpft hatte, dort 1696 und 1702 mit dem Aufbau ständiger Flotten.

Da im 17. Jahrhundert auch stehende Heere geschaffen wurden, zog dieser Prozeß Wandlungen im Verhältnis von Staat, Streitkräften und Volk nach sich, veränderten sich die bisherigen Formen der Organisation, Führung, Administration und Ausrüstung der Land- und Seestreitkräfte, bildeten sich neue Formen ihrer Kriegführung und Kriegskunst heraus. Eine ständige Seekriegsflotte benötigte im Gegensatz zu den früher existierenden Organisationsformen des militärischen Seewesens neben einer bestimmten Anzahl staatlicher Schiffe von unterschiedlicher Zweckbestimmung eine ständige Admiralitätsbehörde, staatlich beaufsichtigte Werften, Arsenale und Ausrüstungsbetriebe, unterschiedliche Ausbildungseinrichtungen, ein Stützpunktnetz, entsprechende Budgetmittel für die laufende Unterhaltung und für Flottenbauprogramme, eine Versorgungsordnung für den Personalbestand und vieles andere mehr.

Die Schaffung ständiger Kriegsflotten führte auch die Seekriegskunst, d. h. die Gesamtheit der Theorie und Praxis des Einsatzes der Flotte, der Vorbereitung und Durchführung von selbstständigen und im Zusammenwirken mit dem Heer zu erfüllenden Aufgaben, auf eine neue Entwicklungsstufe. Im Ergebnis dessen entwickelten sich Seekriegsflotten immer mehr zu einem speziellen Machtinstrument der Staaten zur Kriegführung auf den Meeren, und ihre strategische Bedeutung wuchs. Das führte dazu, daß der Kriegsschiffbau stark vorangetrieben wurde.

SEGELKRIEGSSCHIFFE VOM 17. BIS ZUM 19. JAHRHUNDERT

Der Aufbau und die Erhaltung der Segelkriegsflotten erforderte von den seefahrttreibenden Nationen beträchtliche Aufwendungen und insgesamt gesehen große Anstrengungen. Es ergeben sich beeindruckende Zahlen, wenn man einige der wenigen stichhaltigen Angaben, die aus dem Zeitalter der Segelflotten über den Gesamtumfang der Flottenstärke oder den Gesamtaufwand der Flottenrüstung überliefert worden sind, als Beispiele heranzieht.

Im Jahre 1688 besaß die englische «State Navy», die spätere Royal Navy, bei einer Gesamtstärke der Flotte von 163 Einheiten mit 6930 Geschützen und 42000 Mann, 95 «battle ships» (Linienschiffe) 1. bis 4. Ranges. Frankreich hatte etwa zur gleichen Zeit unter 179 regulären Kriegsschiffen mit rund 6900 Geschützen und 43000 Mann ebenfalls 95 Linienschiffe. Die Niederländer konnten von ihren 102 Segelkriegsschiffen 69 in die Schlachtlinie einreihen. Eine derartige Ausgeglichenheit ist zwischen diesen damals führenden drei westeuropäischen Seemächten zu keiner Zeit wieder erreicht worden.

Fast ein Jahrhundert später, im Jahre 1782, umfaßte die englische Flottenliste 555 Segelkriegsschiffe, von denen 118 Linienschiffe 1. bis 4. Ranges und 132 Fregatten waren. In Frankreich und Spanien bestand ein Verhältnis der Gesamtstärke der Flotte zur Anzahl der Linienschiffe und Fregatten von 319:96:103 bzw. 160:56:48. Die Niederlande verfügten zur gleichen Zeit über 79 Segelkriegsschiffe, von denen 32 Linienschiffe und 28 Fregatten waren.

Dänemark und Schweden konnten um 1780 jeweils 15 aktive Linienschiffe und 10 bzw. 14 Fregatten aufbieten. Frankreich verfügte im Jahre 1801 über 40 Linienschiffe und 35 Fregatten mit rund 29000 Mann.

Im gleichen Jahr 1801 bot England als führende Seemacht 189 Linienschiffe und 213 Fregatten mit 130000 Mann auf. Das war wohl die größte Differenz zwischen den beiden Flotten, die sich lange Zeit während der Segelschiffsära als Hauptgegner bekämpften.

Empfindliche materielle und personelle Einbußen erlitten die Segelkriegsflotten im Verlaufe der im 17. und 18. Jahrhundert häufigen Kriege. Einige Länder verloren dabei mehr als einmal ihre gesamte Flotte oder den größten Teil ihrer Segelkriegsschiffe. So büßte die Türkei im Juli 1770 in einer einzigen Nacht durch einen russischen Branderangriff in der Bucht von Tschesme 15 Linienschiffe, 6 Fregatten und 40 andere Schiffe mit insgesamt 11000 Mann ein. Noch im

19. Jahrhundert verlor die türkische Marine in den Schlachten von Navarino und Sinope beide Male einen Großteil ihres Schiffsbestands und zusammengerechnet 10 000 Mann.

Die Niederländer kostete der Krieg von 1796 bis 1801 gegen England – hauptsächlich die Verteidigung ihrer Kapkolonie (1796) und die schweren Kämpfe vor ihrer Küste bei Kamperduin (1797) und Den Helder (1799) – 25 Linienschiffe, 22 Fregatten und 11 Korvetten sowie 47 kleinere Kriegssegler. Das kam der Vernichtung ihrer gesamten damaligen Flotte gleich, und von diesem Schlag erholte sie sich bis zum Ende der Segelschiffszeit nicht mehr.

Auch Frankreich stand praktisch vor der Auflösung seiner Flotte, nachdem es im Siebenjährigen Krieg (1756–1763) im erbitterten Konkurrenzkampf gegen England 37 Linienschiffe und 56 Fregatten sowie eine große Zahl kleinerer Segelkriegsschiffe verloren hatte. Nur durch gewaltige Anstrengungen des ganzen Landes gelang es Frankreich, bis 1771 wieder einen Flottenbestand von 64 Linienschiffen und 50 Fregatten sowie Korvetten aufzubauen. Seinen größten Tiefstand erreichte es reichlich vier Jahrzehnte später, als es nach der Niederlage von Trafalgar weitere 30 Linienschiffe und 12 Fregatten an England verlor.

Harte Schläge bedeutete es vor allem für kleinere Länder, wenn sie im Verlaufe von Kriegshandlungen die Flotte verloren. Ein solcher Schlag traf Dänemark im August und September 1807, als England in Vergeltung des durch Napoleon erzwungenen Beitritts von Dänemark zur Kontinentalsperre das Land mit einer Flotte von 25 Linienschiffen, 40 Fregatten und anderen Segelkriegsschiffen sowie einer 380 Einheiten zählenden Transportflotte und 29 000 Mann Landungstruppen überfiel. Die Engländer bombardierten Kopenhagen zwei Tage lang mit Brandkugeln und Congreve-Raketen und entführten danach nahezu die gesamte dänische Flotte: 16 Linienschiffe, 10 Fregatten und 43 andere Schiffe.

Von großen Verlusten seiner Segelkriegsflotte blieb auch Rußland nicht verschont. Besonders schwer wog das Ende seiner Schwarzmeerflotte, die sich während des Krimkriegs 1853 bis 1856 vor Sewastopol versenken mußte, um der weit überlegenen Invasionsflotte Englands, Frankreichs und der Türkei die Zufahrten nach Sewastopol zu versperren und die Erbeutung der Schwarzmeerflotte zu verhindern. Die russische Schwarzmeerflotte hatte zu jener Zeit über 16 Linienschiffe, 7 Fregatten und 122 andere Schiffe mit einer Gesamtbestückung von 2855 Kanonen verfügt. Ihren Kern bildeten vier 120-Kanonen- und zehn 84-Kanonen-Linienschiffe, die erst zwischen 1835 und 1853 gebaut worden waren und die allein einen Wert von 30 Millionen Rubel repräsentierten.

Rußland hatte ab 1700 große Anstrengungen unternommen, um im Norden und Süden Zugänge zu den Meeren zu erringen und in die Reihen der Seemächte aufzusteigen. Es war dabei oftmals auf den Widerstand Schwedens und der Türkei sowie westeuropäischer Seemächte, wie England und Frankreich, gestoßen. Die wichtigsten Grundlagen für die Segelkriegsflotte Rußlands sind unter Peter I. (1682–1725) und Katharina II. (1762–1792) geschaffen worden. Trotz schwerer Rückschläge, wirtschaftlicher Rückständigkeit und tiefer innenpolitischer Krisen hat die russische Marine vom Beginn des 18. Jahrhunderts bis zum Ende der Epoche eine beachtenswerte Flotte in der Ostsee und im Schwarzen Meer besessen.

Allein von 1775 bis 1850 sind in Rußland 210 Linienschiffe und 173 Fregatten sowie 457 andere Segelkriegsschiffe (Briggs, Schnauen, Schljups u. a.) gebaut worden. Dabei ist recht bemerkenswert, daß unter den klimatisch schwierigen Bedingungen des Weißen Meeres auf den Werften von Archangelsk in diesem Zeitraum 85 Linienschiffe und 51 Fregatten fertiggestellt worden sind.

Nach jüngsten Untersuchungen sowjetischer Historiker bauten russische Werften von 1700 bis 1850 rund 4000 Segelkriegsschiffe mit insgesamt 65 000 Geschützen. Darunter befanden sich 702 Linienschiffe und Fregatten mit 40 200 Geschützen. Die sich daraus ergebende starke Durchschnittsbestückung von 57 Kanonen je Schiff bestätigt jene zeitgenössischen Wertungen, wonach russische Segelkriegsschiffe artilleristisch gut ausgerüstet und vergleichbaren westeuropäischen Schiffen keineswegs unterlegen waren.

Den Bau von französischen Korvetten im ersten Drittel des 19. Jahrhunderts stellt diese Zeichnung von A. L. Morel-Fatio dar. Während ein Neubau seitlich abgestützt im Hintergrund noch auf der Helling liegt, wird ein anderes Schiff, bei dem der Bugspriet und die Untermasten bereits eingesetzt sind, aufgetakelt. Leichter dienen dem Transport der Rundhölzer

Das 1790 gebaute französische 120-Kanonen-Linienschiff «Commerce de
Marseilles» war eines der größten Kriegsschiffe an der Wende zum 19. Jahrhundert. Es war im oberen Batteriedeck rund 68 m lang und hatte eine 1100
Mann starke Besatzung. Nahezu 54% seines Gesamtgewichts von 5300 t entfielen auf Schiffsrumpf und Takelage. Die Anteile der anderen Hauptge-
wichtsgruppen am Gesamtgewicht des Schiffes waren: Proviant für 6 Monate
– 14%, Ballast – 13,5%, Bewaffnung und Munition – 9,5%, Wasservorrat
für 3 Monate – 6%, Besatzung mit persönlicher Ausrüstung – 3,5%

Dieser Kupferstich von E.W. Cooke zeigt das englische Dreidecker-Linienschiff «Prince», das mit 110 Kanonen bestückt war, vor Anker. Das Schiff besitzt noch die flache, reich verzierte Heckform mit großflächig verglasten Gale-
rien und Seitentaschen. An der Steuerbordseite hat ein Prahm festgemacht, der
die größeren Segelschiffe beim Legen und Lichten ihrer schweren Stockanker un-
terstützte

Einsatz der Segelkriegsschiffe

Die Herausbildung der Kriegsflotten in der Segelschiffszeit bedeutete gegenüber dem vorangegangenen
Seekriegswesen einen wesentlichen Fortschritt. Um-
fangreiche technische Änderungen und Verbesserungen im Kriegsschiffbau – so vor allem die Serienferti-
gung hochseetüchtiger Segelschiffe unterschiedlicher
Bauart und Zweckbestimmung, bei denen die in den
Breitseiten aufgestellte Schiffsartillerie den Gefechtswert bestimmte – machten auch eine Theorie und Praxis des Einsatzes erforderlich, die sich grundsätzlich
von der in der Zeit der Riemenschiffe unterschied.

Die Entwicklung der Schiffsartillerie zur vorrangi-
gen Waffe ließ die Breitseite der Segelschiffe zu ihrer

Hauptkampfrichtung werden. Damit war die Notwendigkeit einer grundsätzlich anderen Taktik und Gefechtsformation der Segelkriegsschiffe gegeben. Hatten die Riemenschiffe ihren Bug dem Gegner zugekehrt, so mußten die Segelschiffe dies mit ihrer Breitseite tun, woraus sich für sie die Kiellinie als wichtigste Marsch- und Gefechtsformation ableitete.

Bis zur zweiten Hälfte des 16. Jahrhunderts, teilweise auch noch in den ersten Jahrzehnten des 17. Jahrhunderts, kannten die Admirale der entstehenden Segelflotten überhaupt keine feste Gefechtsformation. Die Schiffe marschierten und kämpften in einer Anzahl Gruppen, wobei sie sich, nach Städten oder Provinzen geordnet, um ihr Admiralsschiff scharten. Kam es zum Kampf mit der gegnerischen Flotte, so entschied der Flottenführer meist aus der Situation heraus die Art des taktischen Vorgehens. Durch dieses regellose Vorgehen beim Zusammenprall mit der Flotte des Gegners entstand häufig ein wildes unübersichtliches Schiffsgetümmel (mêlée) ohne einheitliche Führung. An Stelle einer gegenseitigen taktischen Unterstützung der Segelschiffe in der Schlacht kam es meist zu einer gegenseitigen Behinderung.

Die Einführung der Linientaktik ab Mitte des 17. Jahrhunderts beendete im wesentlichen diesen Mißstand und gestattete erstmals die effektive Nutzung der Schiffsartillerie und der veränderten Manövriermöglichkeiten der Segelschiffe, für die ja die Stärke und Richtung des Windes ein ausschlaggebender Faktor war.

Das Wesen der Linientaktik bestand darin, daß die gegnerischen Geschwader oder Flotten das Artilleriegefecht auf parallelen Kursen, d. h. im gleichbleibenden Abstand nebeneinanderher fahrend oder auf entgegengesetzten Kursen, führten. In Verbindung dazu wurden noch einige weitere taktische Prinzipien entwickelt. Die eine Methode war, den Gegner zwischen zwei eigenen Linien einzuschließen. Man versuchte dieses «Doublieren» zu erreichen, indem man die gegnerische Flotte auf Parallelkurs überholte, dann mit den Spitzenschiffen ihren Kurs kreuzte und auf der anderen Seite eine zweite Linie aufbaute, die den Gegner unter Kreuzfeuer nahm. Eine andere offensive

Methode bestand darin, durch Schwerpunktbildung die gegnerische Linie an einer Stelle zu durchbrechen, sie aufzuspalten und den abgeschnittenen Teil der gegnerischen Flotte zu vernichten.

Das Durchbrechen der Schlachtlinie des Gegners wurde bereits während der englisch-niederländischen Seekriege angewendet; im 18. Jahrhundert erklärte man es zum Hauptziel der Flottentaktik, und es spielte auch im 19. Jahrhundert noch eine große Rolle (Trafalgar 1805). Für alle taktischen Methoden des Einzelschiffs und der Flotte war die Stellung zum Wind von grundlegender Bedeutung. Aus diesem Grunde begann gewöhnlich jedes Gefecht und jede Schlacht mit dem Manövrieren in die vom Kommandanten oder Flottenchef gewünschte Luv- oder Leestellung.

Die in der Luvstellung, also auf der dem Wind zugewandten Seite, befindliche Flotte bestimmte gewöhnlich die Eröffnung des Kampfes, da sie die günstigeren Manövrier- und Kampfbedingungen besaß. Die Luvposition war daher die bevorzugte Ausgangsstellung der angreifenden Flotte, insbesondere wenn die Linie des Gegners durchbrochen werden sollte. Nachteilig für den Angriff aus der Luvstellung war, daß bei stärkerem Wind durch das seitliche Überlegen des Schiffes der wirksamste Teil der Schiffsartillerie, die unterste Batterie, infolge Schließens der Pforten für den Kampf ausfiel. Auch trieben während des Heransegelns aus Luv manövrierunfähig gewordene Schiffe auf den Gegner zu, wodurch sie in höchste Gefahr gerieten und außerdem das eigene Feuer behinderten.

Die in der Leestellung, also vom Wind abgekehrt, stehende Flotte mußte fast immer defensiv kämpfen. Sie besaß aber den Vorteil, vorausgesetzt, ihre Schiffe waren ausreichend schnell, daß sie dem Angriff durch

Zu den frühen englischen Segelkriegsschiffen zählte die hier dargestellte «Vanguard» mit über 30 schweren Geschützen im Rumpf und einer größeren Anzahl leichter Feuerwaffen in den kastellartigen Aufbauten. Die Bauart läßt noch die Abstammung von den Karacken und Galeonen des 16. Jahrhunderts erkennen. Der hohe und massige Rumpf verlieh dem Schiff keine guten See- und Manövriereigenschaften. Die sehr großflächigen, bauchig geschnittenen Rahsegel konnten noch nicht in der später üblichen Art gerefft werden und ließen sich schon bei mittleren Windstärken schlecht handhaben

Das Gemälde von Bonaventura Peeters zeigt u. a. zwei Kriegsschiffe auf bewegter See: rechts, im Vordergrund, eine Galiot mit Jagdpforten; links im Bild möglicherweise die «La Couronne» von 1636

Die niederländische Marine errang am 25. April 1607, in der Endphase des Freiheitskampfs der republikanischen Generalstaaten gegen Spanien, auf der Reede von Gibraltar einen entscheidenden Erfolg. Admiral van Heemskerck griff mit einem Geschwader den Gegner in seinen eigenen Gewässern an und versenkte oder eroberte 14 wesentlich größere Schiffe, als er selbst besaß. Wie schon in den Kämpfen der Armada bis 1588 erwiesen sich die Spanier zwar als tapfer, aber als artilleristisch und taktisch unterlegen. Das Gemälde von H. C. Vroom stellt eine Episode der Schlacht dar, in der ein niederländisches Segelkriegsschiff das große spanische Flaggschiff nach der alten Galeerentaktik mittschiffs rammt. Nahfeuer der Schiffsgeschütze bringt die Pulvervorräte der Karacke zur Explosion. Das Bild macht auch deutlich, daß der Angriff vor dem Wind im losen Schiffshaufen erfolgte

Am 10. August 1653 kam es im ersten englisch-niederländischen Seekrieg zur Schlacht von Scheveningen/Terheide. Der englischen Flotte unter Admiral Monk gelang es, den heftigen Angriff der niederländischen Flotte unter Admiral M. Tromp abzuwehren, der die Luvstellung zum Einbruch in die gegnerische Schlachtlinie ausnutzen wollte. Die Niederländer waren den Engländern in Ausrüstung und Bewaffnung unterlegen; sie erlitten im Nahkampf schwere Verluste und mußten den Kampf abbrechen. Sie erreichten aber in der Schlacht, an der auf beiden Seiten rund 90 Schiffe teilnahmen, daß die englische Flotte die Seeblockade der Niederlande, die erste große Blockadeoperation der Segelschiffsära überhaupt, aufgeben und Landungsversuche einstellen mußte. Das Bild zeigt die Segelkriegsschiffe beider Seiten, in der Mitte die Flaggschiffe der Befehlshaber, im erbitterten Nahkampf, umwölbt von Pulver- und Brandqualm. Zwischen sinkenden Schiffen retten im Kanonenfeuer Beiboote und kleinere Segler Überlebende

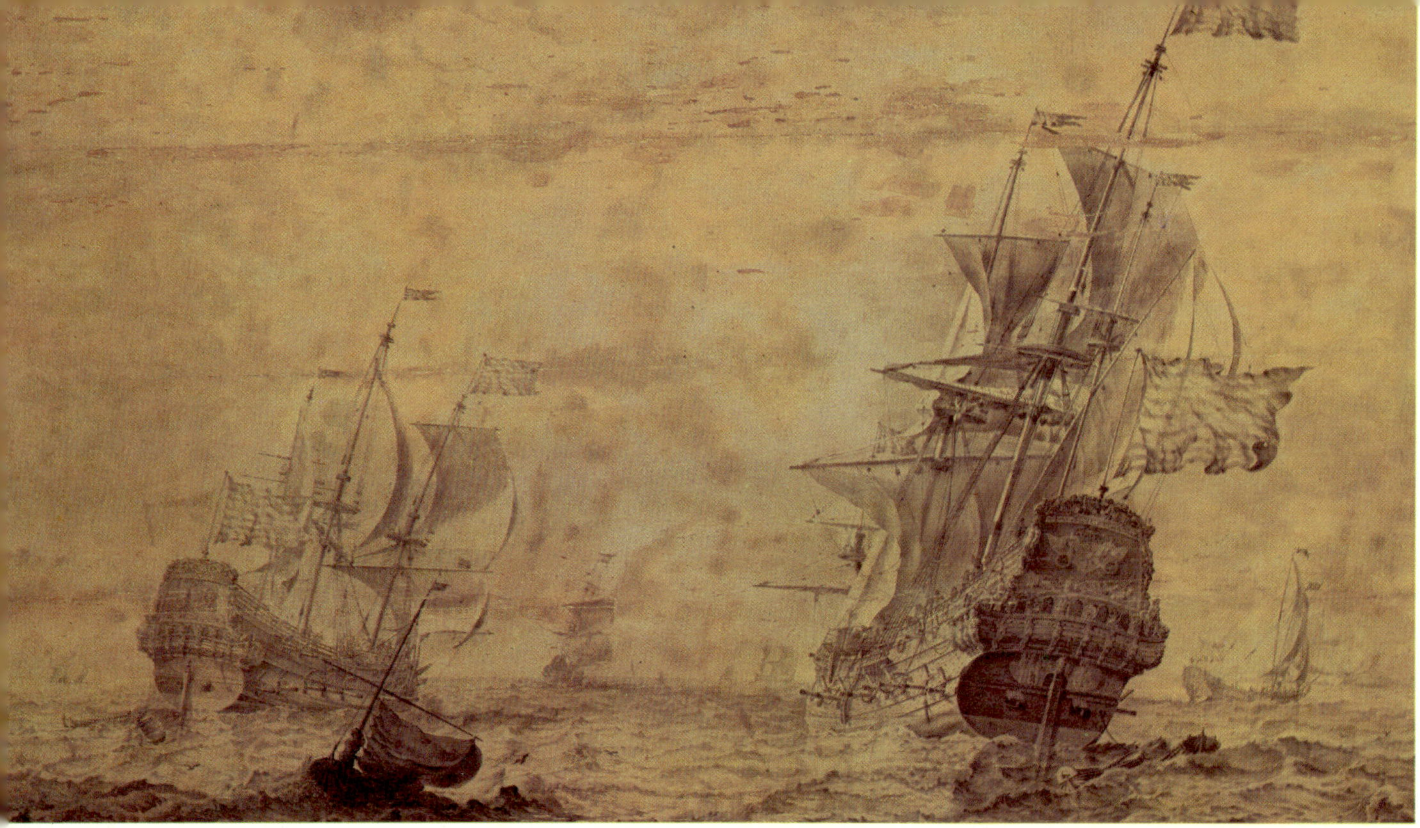

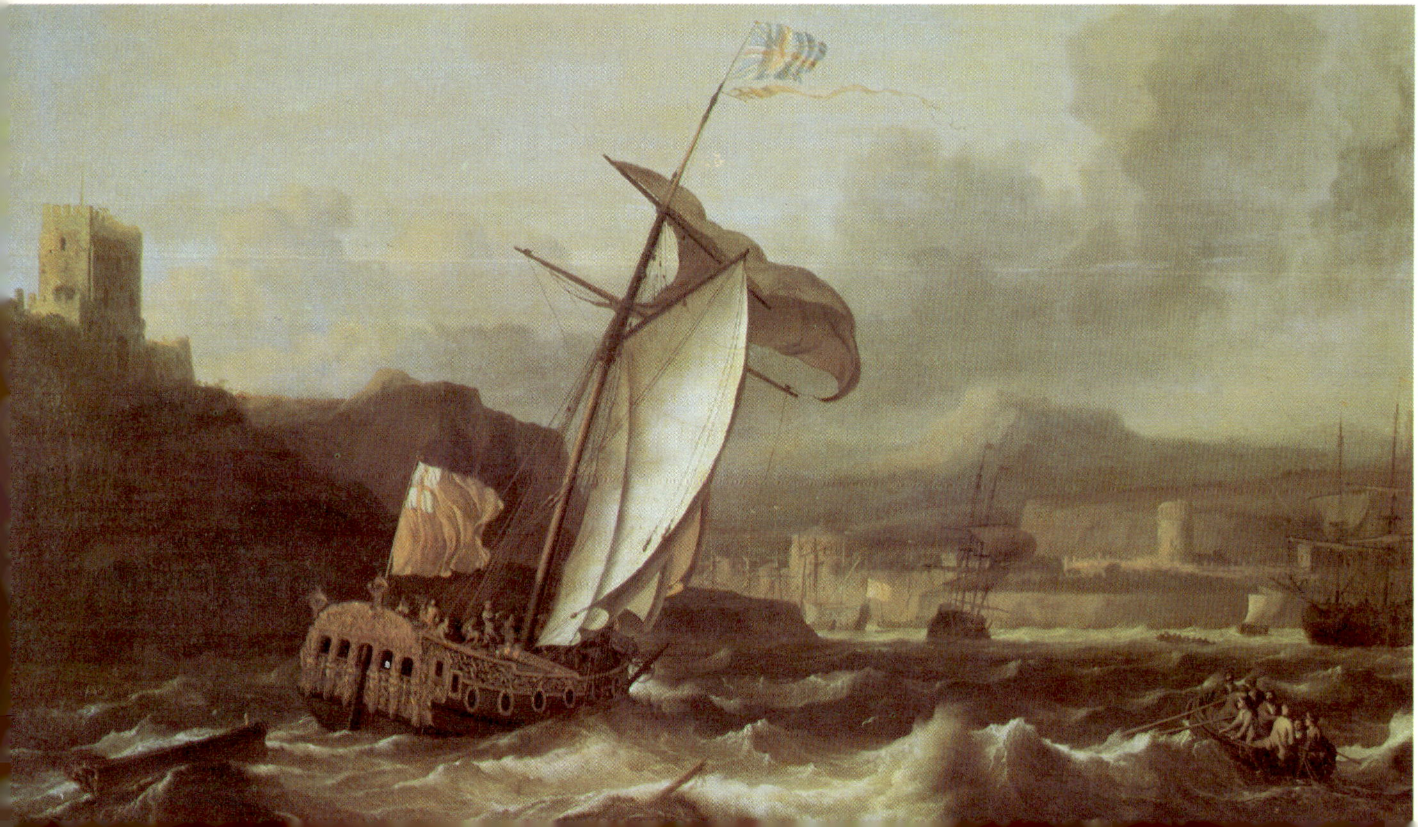

Das Gemälde von O. de Vry zeigt holländische Ostindienfahrer auf bewegter See. Mit ihrer verhältnismäßig starken Bewaffnung repräsentierten solche Schiffe in entfernten Gebieten auf den Weltmeeren Seemacht

Englische Jacht beim Einlaufen in einen südlichen Hafen. Jachten wurden erst nach 1660 in England gebaut, nachdem die Niederländer König Karl II. ein solches Schiff geschenkt hatten. Schnellsegler dieser Bauart dienten in Kriegszeiten als Aufklärungs-, Wach- oder Avisschiff sowie für den eiligen Personentransport. Ludolf Backhuisen hat das mit vier Kanonen bestückte Schiff auffallend dicht unter der Küste segelnd dargestellt. Die Besatzung der Jacht fiert bereits das Rahsegel weg, um die Fahrt zu verringern

Niederländische Segelkriegsschiffe waren wegen der flachen Küstengewässer kleiner und leichter gebaut als gleichartige englische, französische und spanische Kriegsschiffe. Die durchschnittliche Bestückung bestand aus 20 bis 30 Kanonen. Auf dem Gemälde von Simon de Vlieger nähern sich einige dieser Schiffe einem niederländischen Hafen und holen zum Einlaufen ihre Segel ein. Der im Vordergrund auslaufende Küstensegler ist offensichtlich ein Bojer, der im allgemeinen dem Personen- und Frachttransport diente, in Kriegszeiten aber auch als Wachschiff Verwendung fand. Wegen des starken Windes sind seine Seitenschwerter weggefiert

Zu den Seiten 28/29
Ein holländisches Pinaßschiff passiert das Schloß Kronborg, von wo aus die Entrichtung des Sundzolls überwacht wurde. Ein Linienschiff bzw. eine Fregatte lag gewöhnlich bereit, um den Forderungen Dänemarks Nachdruck zu verleihen. Rechts in diesem Bild von H. C. Vroom eine holländische Jacht mit hochgeklappten Seitenschwertern

Die Viertageschlacht im Kanal (11. bis 14. Juni 1666) war die längste und härteste Auseinandersetzung zwischen Segelschiffsflotten. Die englische und die niederländische Flotte waren mit jeweils rund 80 Schiffen, 4500 bis 4600 Kanonen und 21 000 bis 22 000 Mann Besatzung annähernd gleich stark. Das zeitgenössische Gemälde von Abraham Storck zeigt im Mittelpunkt das niederländische Zweidecker-Linienschiff «Zeven Provincien» mit reichverziertem Heck. Es war mit 78 Kanonen bestückt und diente Admiral de Ruyter als Flaggschiff

Unter den kleineren Segelkriegsschiffen waren Briggs ein sehr häufig verwendeter Schiffstyp. E. W. Cooke hat hier die 18-Kanonen-Brigg «Wolf» in einem Stich dargestellt. Das Schiff liegt vor Dover beigedreht, mit backschlagendem Großmarssegel, und erwartet den Lotsen, der mittels Flaggensignales und Kanonenschusses angefordert wurde. Die «Wolf» war im Jahre 1828 die letzte Kriegsbrigg der Royal Navy

einfaches Abdrehen ausweichen und ihre beschädigten Schiffe besser decken konnte.

Die gewöhnliche Bemannung eines Kriegsschiffes reicht eigentlich nur dazu hin, eine Seite der sämmtlichen Geschütze vollständig zu bedienen. Da sich ein Schiff in den mehrsten Fällen nur mit einem einzigen feindlichen schlägt, so reicht diese Bemannung hin. Es muß aber dann die Mannschaft eines Geschützes bei einer jeden Wendung des Schiffes nach der anderen Seite überlaufen, um dort das Geschütz derselben Nummer zu bedienen. Es haben nämlich die Geschütze in den Batterien bestimmte Nummern. Es geschieht das Überlaufen indessen nicht eher, als bis das eben abgeschossene Geschütz wieder geladen und dicht an Bord gezogen ist, um sogleich nachher wieder abgeschossen werden zu können; zwei Mann bleiben dabei zurück, um die Taljen festzumachen, damit das Stück unbeweglich an seiner Stelle bleibt.

Sollte aber das Schiff an beiden Seiten angegriffen werden, so werden an der einen Seite nur die geraden und an der anderen die ungeraden Nummern in Thätigkeit versetzt. Ist der Angriff auf der einen Seite heftiger als an der andern, so werden auf der mehr angegriffenen Seite von drei Stücken zwei, auf der minder angegriffenen wird von drei Stücken nur eins in Thätigkeit erhalten; doch müssen auch alsdann die stillstehenden immer geladen und gut festgemacht sein; weil das Losgehen derselben und Umherrollen bei den Wendungen des Schiffs großes Unglück unter der Mannschaft, und selbst den Untergang des Schiffes herbeiführen kann.

Nach «Allgemeines Nautisches Wörterbuch mit Facherklärungen» von Dr. Eduard Bobrik, erschienen 1848 in Leipzig.

Der Einsatz der Schiffsartillerie begann üblicherweise erst bei 600 m Entfernung und wurde überwiegend auf Distanzen zwischen 250 und 300 m geführt. Die aus der Luvstellung angreifende Flotte richtete ihr Feuer meist aus mehreren Gründen auf die gegnerischen Schiffsrümpfe. Zum einen sollte durch Treffer in die Luvstückpforten das Abwehrfeuer geschwächt und zum anderen sollten die Schiffskörper in oder unterhalb der Wasserlinie beschädigt werden. Dagegen trachtete die in Leestellung segelnde Flotte danach, die Takelage des Angreifers zu zerstören und ihn durch «Enfilieren» entscheidend zu schwächen. Als Enfilierfeuer bezeichnet man das Bestreichen der gegnerischen Decks in Längsrichtung durch den konzentrierten Einsatz der eigenen Batterien. Ein derartiger Beschuß richtete üblicherweise schwere und schwerste Verluste unter der Besatzung des derart beschossenen Schiffes an und warf eine Anzahl Kanonen aus den Lafetten, weil die Kugeln infolge fehlender Querschotten auf keinen Widerstand trafen und die Batteriedecks vom Bug bis zum Heck oder, bei Enfilierfeuer über das Heck, auch in umgekehrter Richtung verwüsten konnten.

In vielen Fällen verloren auf solche Art beschossene Schiffe mit einem Schlag zwischen 20 und 30 % ihrer Geschützbedienungen.

Die Reede von Spithead vor Portsmouth, einer der Hauptliegeplätze der englischen Marine seit ihrem Bestehen. In der Mitte ankert ein 74-Kanonen-Linienschiff, links schwojt eine Fregatte, während rechts im Vordergrund Lotsen- und Fischerboote kreuzen. Zwischen den Segelkriegsschiffen ist ein als Schlepper und Transporter dienender Dampfer zu sehen. Nach einem Kupferstich von E. W. Cooke um 1828

Große Kauffahrteisegler, wie dieser in einem Stich von E. W. Cooke dargestellte englische Ostindienfahrer «Thames» von 1424 t Wasserverdrängung, waren bis weit in das 19. Jahrhundert hinein bewaffnet. In Kriegszeiten dienten solche Schiffe als bewaffnete Transporter und Geleitschiffe. Die «Thames» entsprach bis auf den geräumigeren und höheren Rumpf einer großen Fregatte. Im unteren Pfortengang sind die Stückpforten «blind», d.h. nur durch Anstrich vorgetäuscht, um Piraten und Kaperschiffe abzuschrecken

Auf der Reede ankernde Fregatte. Nach Bauart und Takelung zu urteilen, handelt es sich um ein europäisches Schiff des 19. Jahrhunderts mit einer Bestükkung von 52 Kanonen. Während des Entstehens der dampfgetriebenen Kriegsflotten wurden solche Fregatten häufig als Schulschiffe sowie für Expeditionsreisen verwendet, so u. a. die russische «Pallada» und die österreichische «Novara»

RÄNGE UND KLASSEN DER SEGELKRIEGSSCHIFFE

Wie aus Admiralitätsschriften des 16. Jahrhunderts hervorgeht, versuchte man bereits damals, mit Artillerie bestückte Segelschiffe nach ihrem Gefechtswert zu unterteilen. Zur Notwendigkeit wurde dies aber erst, als die Zahl der Schiffe immer mehr zunahm und als die ständigen Kriegsflotten entstanden, in denen der systematische Einsatz der Schiffe nach taktischen Normen zur Regel wurde. Größeren praktischen Nutzen erhielt die Klassifizierung der Segelschiffe auch, als man dazu überging, ganze Serien gleichartiger Schiffe in Auftrag zu geben und unterschiedliche Schiffstypen für spezifische Aufgaben zu bestimmen.

Das erste Flottenbauprogramm, das einen bestimmenden Einfluß auf die taktische Unterteilung der Segelkriegsschiffe ausübte, wird den Engländern ausgangs des 16. Jahrhunderts zugeschrieben. Ihre aus zahlreichen Kämpfen gegen spanische Schiffe gewonnenen Erfahrungen führten zum planmäßigen Ausbau ihrer Flotte. Die vorhandenen und in Auftrag gegebenen englischen Segelkriegsschiffe wurden nach der Wasserverdrängung in große (800 bis 1200 t), mittlere (600 bis 800 t) und kleine (300 bis 600 t) unterteilt. Die unterschiedliche artilleristische Ausrüstung der Schiffe hatte keinen Einfluß auf ihre Einteilung.

Offensichtlich ist aber wohl schon bald erkannt worden, daß die Tonnage für die Einschätzung des Gefechtswerts eines Segelkriegsschiffs ebensowenig das Hauptkriterium sein kann wie beispielsweise die Art der Takelage oder die Bauart des Rumpfes, bei denen ohnehin schon eine zunehmende Vereinheitlichung einsetzte. Die häufigen Kämpfe kleiner niederländischer und englischer Kaperschiffe gegen die bis zu 2000 t großen Galeonen der Spanier und Portugiesen bestätigten, wie fraglich die Gefechtswerteinschätzung nach der Schiffstonnage war. In den meisten Fällen erwiesen sich nämlich die größenmäßig stark unterlegenen, aber artilleristisch weit überlegenen Angreifer den mächtigen Galeonen und Karacken gegenüber als Sieger. Und daß dies nicht nur bei überraschenden Angriffen gegen schwerbeladene Silberflotten so war, bewies 1588 die Niederlage der «Großen Armada».

Nachdem man damals in England alle halbwegs brauchbaren Segler zur Abwehr der drohenden Invasion der Spanier zusammengezogen hatte, zeigte sich, daß von den insgesamt verfügbaren 195 Schiffen 150 nur eine Tonnage von 100 bis 500 t besaßen, ein Umstand, der die Spanier zu schwerwiegenden Fehleinschätzungen veranlaßte. Trotz ihrer wesentlich geringeren Durchschnittsgröße trugen die englischen Schiffe mehr und wirksamere Kanonen als die Kolosse des Gegners. Es soll sogar ein Kräfteverhältnis bei den Kanonen von 6500:2000 zugunsten der Engländer bestanden haben. Und da sie auch die höhere Seetüchtigkeit und Manövrierfähigkeit besaßen, bestimmten sie den Verlauf der Kämpfe, was schließlich zum Scheitern der Armada führte.

Da die Stärke der englischen Schiffsartillerie und die artilleristische Schwäche der Armada beträchtlichen Einfluß auf die Niederlage der Spanier hatten, trug dies in der Folgezeit, nicht zuletzt begünstigt durch den Gang der ökonomischen Entwicklung, wesentlich zur Herausbildung der Schiffsartillerie als Hauptwaffe der Segelkriegsflotte bei. Damit wurde auch die Bestückung der Schiffe mit Kanonen zum Hauptkriterium für die Beurteilung ihres Gefechtswerts.

Auf jeden 36 Pfünder rechnet man 14 Mann, den Kommandeur mitgerechnet; auf einen 24 Pfünder 11; auf einen 18 Pfünder 9; auf einen 12 Pfünder 8; auf einen 8 Pfünder 7; auf einen 6 Pfünder 5; auf einen 4 Pfünder 4 Mann; doch behält man diese Zahlen nicht immer genau bei. Es richtet sich dabei Vieles nach der eben vorhandenen Stärke der Besatzung; und bei den kleinen Geschützen muß oft ein Mann zwei bis drei von den Verrichtungen thun, für deren jede einzelne bei großen Geschützen ein eigener Mann angestellt ist.

Als die englische Bourgeoisie unter Cromwell (1599 bis 1658) ihre Flotte auf die Niederringung des nächsten Hauptrivalen, die Niederlande, vorbereitete, kam diese neuartige Wertung der Segelkriegsschiffe in den englischen Flottenbauplänen bereits zum Tragen. Ab 1649 wurde in England die für die damalige Zeit mächtige Streitmacht von 86 schwer bestückten Schiffen mit einheitlicher dreimastiger Rahtakelung gebaut. Es waren Kriegsschiffe von rund 1000 t Wasserverdrängung, die meist in zwei Batteriedecks insgesamt 60 bis 80 Kanonen trugen und die ausschließlich der Aufgabe dienten, gegnerische Schiffe durch den massierten Einsatz ihrer Kanonen außer Gefecht zu

setzen oder in den Grund zu bohren. Zusammen mit etwa 40 kleineren Kriegsschiffen für Aufklärungs-, Sicherungs- und Konvoiaufgaben verschlang diese erste planmäßig aufgebaute Schlachtflotte der Segelschiffsära eine Summe von vergleichsweise 28 Millionen Mark – etwa die Hälfte der damaligen englischen Staatseinnahmen.

Als 1652 der Handelskrieg gegen die Niederlande im Ergebnis der für die Handelsherren in Amsterdam unannehmbaren Navigationsakte und anderer englischer Provokationen begann, benötigten die Engländer nur 30 bewaffnete Kauffahrteisegler, um ihre Flotte auf volle Kriegsstärke zu bringen. Die Niederlande verfügten zwar ebenfalls über eine rund 150 Schiffe zählende Flotte, aber diese bestand aus 66 Kriegsschiffen und 88 armierten Frachtseglern verschiedener Größe und Bauart. Wegen der komplizierten Tiefen- und Strömungsverhältnisse an ihrer Küste bevorzugten die Niederländer gewöhnlich wesentlich kleinere und leichter gebaute Kriegsschiffe, die gegenüber den stärkeren gegnerischen Schiffen mit ihren wirksamen Kanonen mitunter einen schwierigen Stand hatten.

Der stärkste Segler der Generalstaaten war das Admiralsschiff «Brederode» mit 800 t Wasserverdrängung und 56 Kanonen; der Gegner hatte Dutzende von Segelkriegsschiffen, die größer und stärker bewaffnet waren.

Im Verlaufe der englisch–niederländischen Auseinandersetzungen 1652/54, 1664/67 und 1672/74 beschleunigte sich die Entwicklung von Theorie und Praxis des bewaffneten Kampfes auf See insgesamt. Dieser Prozeß bewirkte u.a. die Einführung einer Klassifizierung der Segelkriegsschiffe, um sie taktisch noch planvoller als bisher einsetzen zu können. Das Ergebnis war die Einführung eines Rangsystems in allen Flotten, wobei die Schiffsbewaffnung den entscheidenden Einfluß auf die entsprechende Einstufung der Schiffe hatte. In England, wo im Verlaufe des 17. Jahrhunderts eine bürgerlich-kapitalistische Ordnung entstand und trotz einiger Rückschläge rasch erstarkte, konzentrierte die herrschende Schicht alle Kräfte auf die Erringung und Festigung der Seeherrschaft

Linienschiffe der französischen Mittelmeerflotte bei der Geschwaderausbildung vor Toulon. In diesem Gemälde von A. Roux sind einige Besonderheiten im Bau der letzten Segelkriegsschiffe zu erkennen: ausgeprägtes Rundheck ohne Verzierungen und Verzicht auf hohe Aufbauten. Die Beiboote werden, teilweise übereinander, in Barkunen seitlich des Achterschiffs gefahren. Um die Manövriereigenschaften zu verbessern, fährt der im Vordergrund dargestellte Zweidecker, auf dem soeben ein Wendemanöver nach Steuerbord eingeleitet wurde, außer einer kompletten Rahtakelung an allen drei Masten Gaffelsegel

und strebte die Schaffung der stärksten Flotte an. Man entschied sich 1626, deren regulären Bestand in sechs Ränge (rates) zu untergliedern. Weil davon u. a. eine geordnete Schlachtaufstellung abhing, folgten die anderen Nationen notwendigerweise dem englischen Vorbild. Die Niederländer und Spanier beschränkten sich auf vier Ränge, die Franzosen wählten mit fünf die Mitte. Die gleiche Anzahl Kriegsschiffsränge wurde im 18. Jahrhundert auch seitens der russischen Marine festgelegt.

Ungeachtet nationaler Unterschiede bürgerte sich noch in der zweiten Hälfte des 17. Jahrhunderts folgende Rangeinteilung ein:

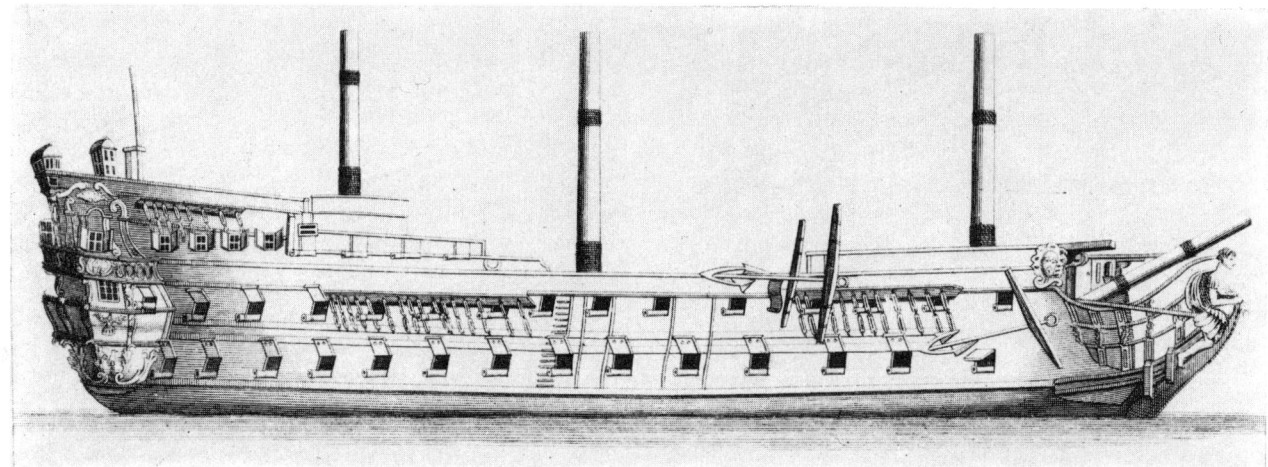

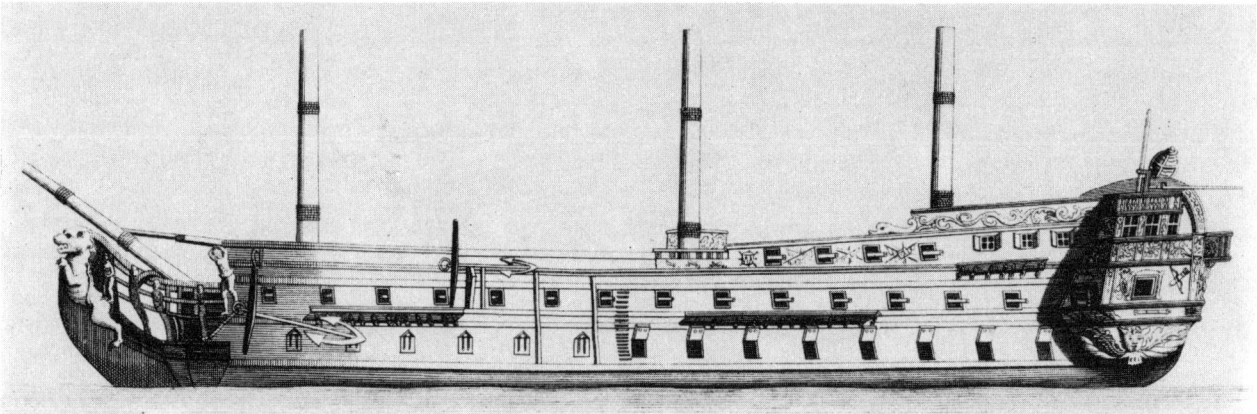

Schiffe 1. bis 3. Ranges waren alle Segelkriegsschiffe mit über 50, später über 60 Kanonen, die das Gros der Flotte in jedem Staat bildeten. Ihnen stand die Aufgabe zu, in der Seeschlacht die Schlachtlinie zu bilden, fähig zu sein für «lying and fighting in the battle line».

Zu den Schiffen 1. Ranges zählten nur die größten Einheiten der Flotte. Gewöhnlich waren es die Flotten- und Geschwaderflaggschiffe mit einer Bestükkung von über 90 Geschützen.

Schiffe 2. Ranges trugen meist 80 bis 90 Kanonen.

Schiffe 3. Ranges bildeten in der Regel die untere Grenze der linienfähigen Schiffe. Sie mußten wenigstens 50 bis 80 Geschütze mitführen können.

Linienschiffe mit 70 bis 84 Kanonen und einer Wasserverdrängung von 1100 bis 1800 t bildeten Mitte des 18. Jahrhunderts den Kern der Segelschiffsflotten. Diese Stiche aus dem 18. Jahrhundert zeigen einige Schiffe dieser Zeit mit Merkmalen ihrer Rumpfgestaltung. Von oben nach unten: französisches 74-Kanonen-Schiff «Invincible»; spanisches 74-Kanonen-Schiff «Glorioso». Rechts oben: Heckansichten beider Schiffe

Schiffe 4. Ranges waren mit 40 bis 50, im 18. Jahrhundert mit 50 bis 60 Kanonen bestückt. Die englische Marine zählte sie oft zu ihrem Linienschiffsbestand. Unter günstigen Bedingungen, so u. a. wenn es mehr auf die Zahl der Schiffe als auf ihren Kampfwert ankam oder wenn der Gegner überhaupt stärker war, dienten sie auch in anderen Ländern zur Ergänzung der Schlachtflotte und für deren Unterstützung.

Schiffe 5. Ranges hatten üblicherweise eine Bestükkung von 18 bis 36, im 18. Jahrhundert bis zu 40 und in der Endphase der Segelschiffsflotten sogar bis zu 50 Kanonen. Man setzte sie gewöhnlich für die Aufklärung, für den Schutz von Konvois, für die Bekämpfung gegnerischer Kaperschiffe, zu Angriffen auf den Schiffsverkehr des Gegners, zur Blockade, als Signalwiederholer bei großen Flottenoperationen und zu ähnlichen Aufgaben ein.

Schiffe 6. Ranges trugen höchstens 16 bis 24 leichte Kanonen. Sie wurden nicht von allen Flotten in den regulären Schiffsbestand eingereiht. Meist handelte es sich um schnelle, leichtgebaute Zwei- und Dreimaster mit Rahtakelung, die zu Kaperaufgaben, für den Patrouillen- und Nachrichtendienst, für leichte Sicherungs- und Geleitaufgaben und für ähnliche Verwendungszwecke herangezogen wurden.

Die eine Zeitlang sehr wichtigen Brander wurden

ebensowenig wie Kutter, Schoner, Kanonenboote, Jachten und andere kleine Kriegssegler rangmäßig in die Flotten eingeordnet.

Offensichtlich genügte aber die Rangeinteilung der Segelkriegsschiffe allein nicht den Anforderungen der Praxis, oder sie erwies sich wegen der nationalen Unterschiede als zu unübersichtlich. Im weiteren Verlauf des 17. Jahrhunderts ging man (in England 1652) dazu über, die Schiffe auch nach der Anzahl ihrer Ge-

Dreidecker-Linienschiffe wurden wegen ihres in jeder Hinsicht aufwendigen Baues und der gleichfalls teuren Unterhaltung in relativ geringer Zahl gebaut. Die im Bild dargestellte englische «Naseby» lief 1655 von Stapel und hatte eine Wasserverdrängung von 1655 t. Sie wurde zum Typschiff einer ganzen englischen Dreideckergeneration. Das 1660 in «Royal Charles» umbenannte Schiff wurde am 22. Juni 1667 beim Vorstoß der niederländischen Flotte in den südenglischen Fluß Medway erbeutet und endete 1672 als Brennholz

schütze zu bezeichnen. Die Gültigkeit dieser Einteilung mußte naturgemäß von begrenzter Dauer sein. Die ständige Kaliber- und Wirkungssteigerung der Schiffskanonen und die ebenfalls steigende Tendenz der Schiffstonnage hatten zur Folge, daß beispielsweise ein 84-Kanonen-Linienschiff von 1680 nicht mit einem mehrere Jahrzehnte jüngeren Linienschiff von gleicher Kanonenzahl verglichen werden konnte.

In der zweiten Hälfte des 18. Jahrhunderts und im 19. Jahrhundert stellten die Geschützzahlen der Linienschiffe und Fregatten ohnehin keine zuverlässige Angabe dar, da der Brauch verbreitet war, die Karronaden (also die Nahkampfgeschütze) nicht mitzuzählen. Daraus konnte sich z. B. ergeben, daß eine 44-Kanonen-Fregatte in Wirklichkeit 56 und mehr Geschütze führte.

Bereits der nächste Schritt in der Klassifizierung der Segelkriegsschiffe war die allmähliche Einführung von Schiffsklassen mit verbindlichen Bezeichnungen. Unter dem Begriff *Klasse* faßte man alle Schiffe zusammen, die gleiche Besonderheiten des Baues und Möglichkeiten des Gefechtseinsatzes aufwiesen. Dies ergab eine einfache und übersichtlichere Dreiteilung des Kriegsschiffsbestands in Linienschiffe, Fregatten und Korvetten. Diese Klassifizierung der Segelkriegsschiffe wurde die gebräuchlichste und zugleich langlebigste. Sie überdauerte die Segelschiffszeit und fand auch bei den maschinengetriebenen Kriegsschiffen Anwendung.

Linienschiffe

Die gesamte Segelschiffszeit hindurch gehörten zu dieser Klasse die kampfstärksten und meist auch größten Kriegsschiffe. Durch Linienschiffe wurde in der Regel die Seemacht der seefahrttreibenden Nationen repräsentiert. Und auf Grund des in jeder Hinsicht beträchtlichen Aufwands, den ihr Bau und die Unterhaltung erforderten, galten Linienschiffe auch als Ausdruck der wirtschaftlichen und technischen Stärke ihres Flaggenstaats. Der Bau vereinzelter Schiffe, die gewissermaßen zu Prototypen der späteren Entwicklungsreihen wurden, setzte ab 1630 ein. Die englische

«Sovereign of the Seas», später «Royal Sovereign» genannt, und die französische «La Couronne» bildeten den Anfang einer rund zweihundert Jahre währenden Evolution der Segellinienschiffe. Weitere Versuche beim Bau großer Segelkriegsschiffe waren die «Fortune» in Dänemark, die «Nonparail» in Schweden und die «Fin de la Guerre» in den Niederlanden.

Wegen ihrer umfangreichen kolonialen Besitzungen in Übersee legten auch die Portugiesen und Spanier großen Wert auf kampfstarke Hochseesegler, doch gibt es hierzu keine genauen Angaben.

Das erste russische Linienschiff war die 36 m lange und 9,5 m breite «Goto Predestinazija», die am 27. April 1700 auf der Flußschiffswerft in Woronesh von Stapel lief. Sie war mit 58 Kanonen bestückt und eine Zeitlang das Flaggschiff der Asowschen Flotte. Das erste auf einer russischen Seeschiffswerft unter persönlicher Leitung Peter I. gebaute Linienschiff war die «Poltawa» mit 54 Kanonen, die 1712 in St. Petersburg zu Wasser kam.

Wie schon angedeutet wurde, kam die Bezeichnung «Linienschiff» erst relativ spät in Anwendung. Zuvor, aber auch zugleich gab es für diesen Begriff eine Reihe von Umschreibungen. Als die dicht geschlossene Kiellinie ab 1664/67 zur Hauptgefechtsformation der Segelschiffsflotten wurde, gingen die Engländer dazu über, die Schiffe 1. bis 3. Ranges als «battle ships», «capital ships» oder «ships of the lines» zu bezeichnen. Daraus entstand der international übliche Begriff «Linienschiff». Die Niederlande nannten sie auch «Orlogschiffe», die Dänen «Rang-» oder «Kapitalschiffe». In Schweden bürgerte sich die Bezeichnung «Große Schiffe» oder «Regalschiffe» ein, wobei man auf die Reichsregalien, d. h. den Krönungsschmuck, wie Krone, Zepter und Reichsapfel, Bezug nahm. Das russische Wort «Korabl» entsprach dagegen dem eine Zeitlang während der Segelschiffsära üblichen Brauch, unter Kriegsschiff lediglich ein in der Linie kämpfendes Schiff zu verstehen.

In der zweiten Hälfte des 17. Jahrhunderts hielten die Engländer und Niederländer bereits Schiffe von etwa 500 t Wasserverdrängung mit 40 Kanonen und etwa 230 Mann Besatzungsstärke für fähig, in der

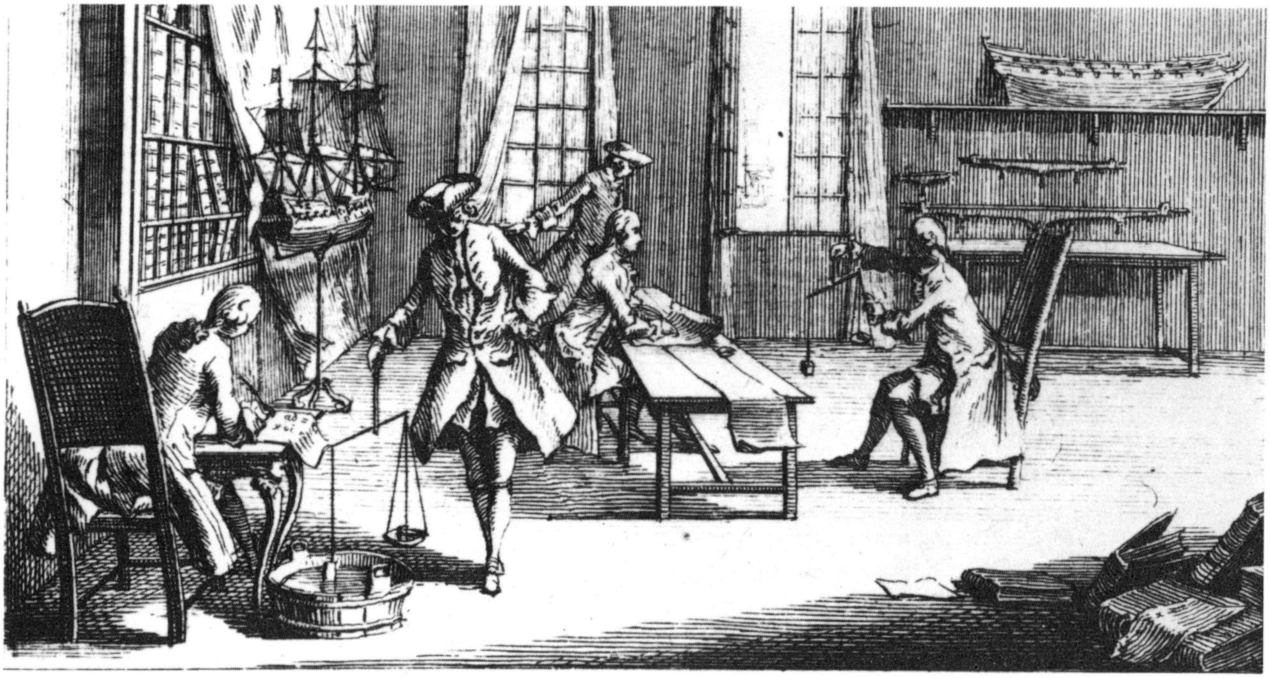

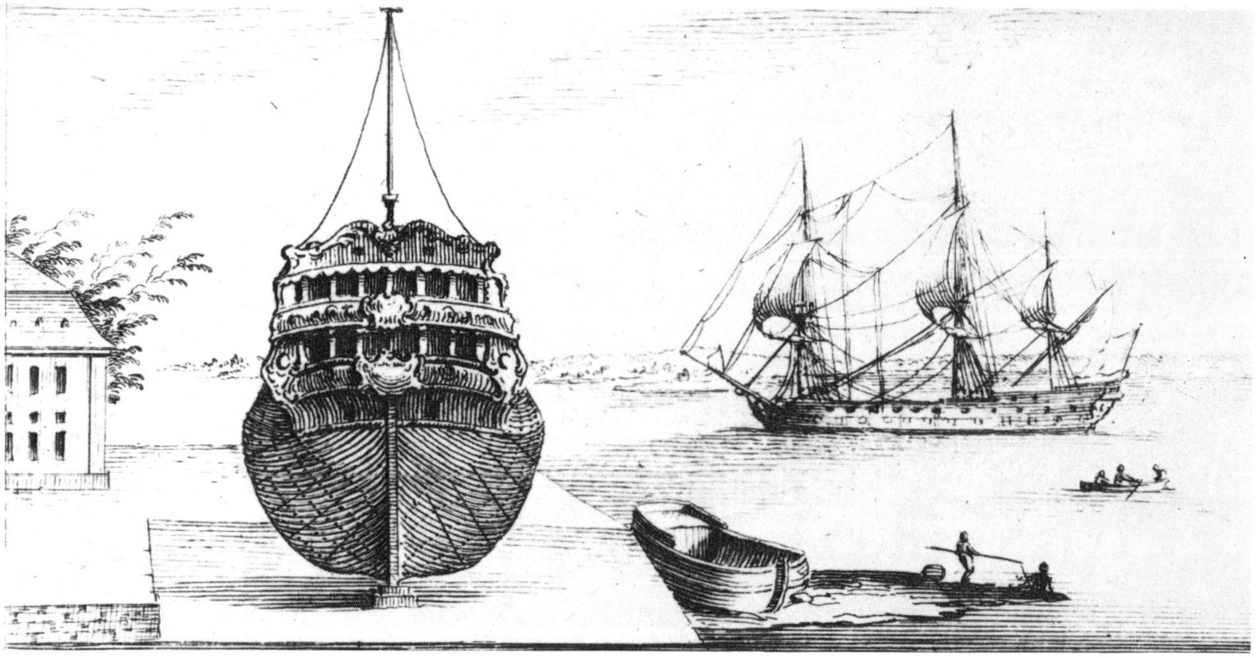

Die Bauaufsicht der Marine kontrolliert den Fortgang der Arbeiten an einem Schiffsneubau und die Einhaltung von Abmessungen und Materialnormen. Nach einem Kupferstich von N. Ozanne aus dem Jahre 1752

Projektionsbüro einer französischen Staatswerft um 1750. Neben der üblichen Praxis der maßstabsgerechten Übertragung der Abmessungen und Details vom Werftmodell auf den Schiffsneubau kamen in Frankreich zu dieser Zeit theoretische Berechnungen, Konstruktionspläne und wissenschaftliche Versuche in Anwendung. Nach einem Kupferstich von N. Ozanne aus dem Jahre 1752

Das im Vordergrund abgebildete Modell zeigt den Rumpfquerschnitt und die Heckgestaltung des im Hintergrund dargestellten französischen 70-Kanonen-Schiffes. Nach einem Kupferstich von N. Ozanne aus dem Jahre 1752

Schlachtlinie zu kämpfen. Die oberste Grenze lag zu dieser Zeit bei 1700 t großen englischen und französischen Schiffen, die in drei Batteriedecks und auf dem Oberdeck mit rund 100 Kanonen bestückt waren. Auf einem solchen Dreidecker befanden sich gewöhnlich 750 bis 800 Mann Besatzung.

Bereits zu Beginn des 18. Jahrhunderts wurde von einem Linienschiff eine Mindestbewaffnung von 50 Geschützen gefordert, wobei es sich in der Regel um Zweidecker mit 750 t Wasserverdrängung und 280 bis 300 Mann Besatzungsstärke handelte. Zu diesem Zeitpunkt, während des Spanischen Erbfolgekriegs (1701–1713), gliederte sich beispielsweise der Linienschiffsbestand Englands, dessen überlegene Flottenstärke immer deutlicher die ökonomische Macht der englischen Bourgeoisie zum Ausdruck brachte, in 13 Dreidecker (Schiffe 1. und 2. Ranges) und 110 Zweidecker (Schiffe 3. und 4. Ranges).

Bis 1750 wurde die Bestückungsnorm für ein linienfähiges Segelkriegsschiff schon auf 60 Kanonen angehoben. In Frankreich forderte man zwar noch eine

A. Schiff Brederode, worinnen der Admirael M.H.Tromp. b. Vice Admirael Ian Evertsz. C. Schiff Campen Cap. Willem von der Saen. d. Pelican. Cap. I. Overkam. e. die 7. Wouden. Cap. Stellingwerf. g. Brandschiff. h. Schwartzen Lowb. I. Commandant. C. Eversf. K. Schaut bey nacht. P. Florisz. l. der Commandant. G. der Wilde. m. die Freyheit. Vice Admirael Witte C de wit n. o. Cap. Reael. p. der Delphin Cap. Schatter. q. Schiff Overyssel. Cap. I. von Campen. r. weiß Lamb. Comand. M. de Ruyter. s. der Rose krantz Cap de Haes t. Schiff Zeeland. Cap. Marevel.

1. der Englische Admirael Monck. 2. Vice Admirael. 3. May blum Cap. W. Nieuman. 4. Schiff Phoenix Cap. Owen Cocx. 5. Schiff Afseurance Cap. Hollant. 6. S. Lauwrel Cap. I. Stockes. 7. Schaut bey nacht führete die weyße fahn. 8. S. der kauffman. 9. S. Pellican. 10. Fregat Portsmuyden. 11. S. Dragon. Cap. I. Seman. 12. S. de Profperous. Cap. Crisp. 13. S. Andrew Cap. T. Graves. 14. S. Resolution. 15. Admirael Pen. 11. Worchester. 16. S. Sct Iacob. 17. Gülden Kock. Cap. Edmund Chapman. 18. Egmont op See 19. Wyck op See 20. Santvort.

Im englisch-niederländischen Seekrieg 1652/54 kam es zu heftigen Kämpfen um die Unterbrechung bzw. Aufrechterhaltung der Seeverbindungen. Die für beide Seiten verlustreiche Dreitageschlacht vom August 1653 führte trotz taktischer Erfolge der englischen Flotte zur Aufhebung ihrer Blockadestellung vor der niederländischen Küste. Der Kampf der fast 200 beteiligten Schiffe entwickelte sich zu einem ungeordneten, dichten Getümmel. Nach einem Stich von M. Merian

Beim Kielholen wurde das leere Schiff mit geschlossenen Seitenöffnungen im flachen Wasser mittels schwerer Flaschenzüge, Hebelbalken und Winden so weit auf die Seite gelegt, daß der Schiffsboden bis zum Kiel aus dem Wasser kam. Nach einem Kupferstich von N. Ozanne aus dem Jahre 1752

Die Innenräume der hölzernen Segelschiffe wurden vielfach mittels «Windsäkken» zwangsbelüftet, um die Innenkonstruktion vor Fäulnis zu bewahren. Nach einem Kupferstich von N. Ozanne aus dem Jahre 1752

Zu den Seiten 48/49
Darstellung der Seeschlacht von Texel am 21. August 1673 während des dritten englisch-niederländischen Seekriegs 1672/74, an der auch die französische Flotte teilnahm, in einem Stich von M. Merian. Niederländische Einbrüche in die gegnerische Schlachtlinie führten zum erbitterten Nahkampf

Zeitlang 56 Geschütze, wobei aber ein solcherart bewaffneter Zweidecker der französischen Marine mit 950 t und 360 Mann beträchtlich größer als ausländische 60-Kanonen-Schiffe war.

Zu dieser Zeit bildete sich in allen Segelschiffsflotten das Linienschiff mit 74 Kanonen als Standardtyp heraus, wobei die Bestückung in zwei Batteriedecks und zusätzlich auf Back- und Schanzdeck Aufstellung fand. Um eine solche Bestückung tragen und einsetzen zu können, war eine Wasserverdrängung von etwa 1700 bis 1900 t und eine Besatzungsstärke von 600 bis 720 Mann erforderlich. Schiffe 3. Ranges dieser Art waren am zahlreichsten in den Flotten vorhanden. Im Jahre 1805 gab es beispielsweise unter 175 Linienschiffen der Royal Navy 147 Schiffe dieses Ranges.

Die Ausdehnung der Seekriege auf weit von den europäischen Küsten entfernt liegende Seegebiete war eine Tendenz, die in der zweiten Hälfte des 18. Jahr-

Seeschlacht zwischen den Holändern,
6 gelehen, den 31: Augusti

hunderts zu immer größeren Segelkriegsschiffen führte. Um der Besatzung bessere Unterbringung und ausreichende Proviant- und Wasservorräte zu gewähren und gleichzeitig die Hochseetauglichkeit der Schiffe zu verbessern, blieb die Kanonenzahl annähernd gleich. Das war aber auch ein Ergebnis der Kalibersteigerung der Schiffsartillerie.

Zu jener Zeit traten neben tonnagevergrößerten Zweidecker-Linienschiffen 2. und 3. Ranges mächtige Dreidecker in Erscheinung. Erste Segelkriegsschiffe mit drei Geschützdecks hat es, wenn auch vereinzelt, schon recht früh gegeben. Zu ihnen gehörte das größte Schiff Schwedens in der Mitte des 16. Jahrhunderts, die «Makellös», mit einer Länge von 51,2 m und 67 schweren Kanonen. Der Bau solcher Schiffe stieß anfänglich auf erhebliche Festigkeits- und Stabilitätsprobleme. Die englische «Sovereign of the Seas» von 1637 fiel als Dreidecker so instabil aus, daß sie mehrfach umgebaut und das obere Batteriedeck schließlich 1652 entfernt werden mußte. Stabilitätsprobleme hatten auch die Schweden mit ihrem 1672 in Dienst gestellten Flottenflaggschiff «Stora Kronan», einem imposanten Schiff mit drei durchgehenden Decks von 53 m Länge und 126 Kanonen. Am 11. Juni 1676 kenterte es mitten in einem Wendemanöver der Flotte bei Öland und explodierte.

Im allgemeinen gilt die ab 1692 in Frankreich gebaute «Royal Louis» (ex «Louis XV.») als das erste praktisch brauchbare Dreidecker-Linienschiff. Es führte 112 Kanonen und hatte zwischen den Stevenaußenkanten eine Länge von 57 m. Zu Beginn des 18. Jahrhunderts zählte der 1699 nach französischen Entwürfen gebaute 110-Kanonen-Dreidecker der Dänen «Fredericus Quartus» mit über 58 m Länge und fast 16 m Breite zu den größten Schiffen seiner Art.

Um 1750 befanden sich auf Linienschiffen mit drei durchgehenden Decks in der Regel 80 bis 100 Geschütze; ihre Wasserverdrängung betrug zwischen 1400 und 1900 t und die Besatzungsstärke 500 bis 800 Mann. Fünfzig Jahre später führten Dreidecker schon 90 bis 120 Kanonen, wobei die Wasserverdrängung 2500 t erreichte und die Stärke der Besatzung auf 900 Mann gestiegen war. Französische und spanische Schiffe hatten gewöhnlich noch 100 bis 150 Mann mehr an Bord.

In der spanischen Marine gab es um 1800 zwei, nach einigen Quellen sogar vier Vierdecker-Linienschiffe mit 1120 Mann Besatzung, die zeitweise bis zu 130 Kanonen an Bord hatten. Dazu zählte auch der Stolz der spanischen Flotte, die «Santissima Trinidad», die mit rund 60 m Rumpflänge einer schwimmenden Festung glich, aber bei Trafalgar wegen des schlechten Ausbildungsstands ihrer Besatzung kleineren und zahlenmäßig weniger stark bestückten englischen Schiffen unterlag.

Insgesamt gesehen blieb die Zahl der Großlinienschiffe in der Segelschiffszeit begrenzt. Ursachen dafür waren ihre sehr hohen Bau- und Unterhaltungskosten, die mitunter erheblichen Probleme bei der Beschaffung der Schiffbauhölzer, die wesentlich längere Bauzeit, ihre den gleichaltrigen Zweidecker-Linienschiffen unterlegenen See- und Segeleigenschaften und nicht zuletzt wohl auch der Gedanke an den möglichen Verlust eines derartig kostspieligen Schiffes. Hinzu kommt, daß solche Schiffe entsprechende Werften und Docks erforderlich machten.

Selbst die großen Segelschiffsflotten Englands, Frankreichs und Rußlands besaßen im 18. und 19. Jahrhundert meist nur 6 bis 12 dieser Schiffsriesen. So standen Admiral Nelson 1805 beispielsweise sieben Dreidecker zu Verfügung. Seine berühmte «Victory» hatte zu diesem Zeitpunkt bereits ein Alter von 40 Jahren und war mit einer Wasserverdrängung von rund 3230 t im Vergleich zu späteren Dreideckern sogar als klein zu bezeichnen.

Die ab 1835 auf russischen Werften in Serie gebauten Flotten- und Geschwaderflaggschiffe der Typen «Tri Swjatitelja» und «Dwenadzatj Apostolow» fielen noch rund 8 m länger und 3,5 m breiter als die schon imposant wirkende «Victory» aus. Ihre Wasserverdrängung betrug fast 4800 t, und die Bestückung bestand aus 120 Kanonen, darunter 28 überschwere 68pfünder-Bombenkanonen (Kaliber 214 mm). Die letzte Größensteigerung bei den Dreidecker-Linienschiffen wurde um 1850 erreicht. Den Endpunkt bildeten schließlich Kolosse wie «Valmy» (Frankreich),

Im Bild-Banner: *Abbildung der See-Schlacht, darinnen die Englische und Holländische siegreich gegen die Französche Flotta gefochten haben 1692.*

Während des pfälzischen Erbfolgekriegs 1689/97 gingen England und die Niederlande gemeinsam gegen Frankreich vor, um seine Entwicklung zur Seemacht aufzuhalten. Vom 29. Mai bis 2. Juni 1692 entwickelten sich an der Ostküste von Cotentin mehrere Gefechte, in denen die französische Atlantikflotte trotz günstiger taktischer und technischer Bedingungen 15 Linienschiffe verlor. Wiederum spielten Brander eine wichtige Rolle. Die Radierung von M. Merian stellt das Verbrennen französischer Schiffe durch Brander und Enterkommandos vor La Hougue dar

«Duke of Wellington» (England) und «Sinop» (Rußland), denen nachträglich eine Hilfsdampfmaschine eingebaut wurde, um sie dem technischen Fortschritt anzupassen und ihre Dienstzeit zu verlängern. Die «Sinop» hatte eine Länge von 73 m; ihre Wasserverdrängung betrug 5585 t, und die Bestückung bestand aus 135 Kanonen. Mittels einer 588-kW- (800-PS-) Dampfmaschine konnte sie bei Windstille eine Geschwindigkeit von 11,5 sm/h erreichen.

Aber auch bevor die letzten Dreidecker maschinellen Antrieb erhielten, waren sie als Riesen unter den Segelkriegsschiffen bemerkenswerte Zeugnisse der damaligen Schiffbaukunst. Als Holzschiffe (lediglich ein Teil des Rumpfgerüstes bestand aus Eisenträgern und -stützen) nötigen sie dem heutigen Schiffbauer und Seemann Respekt ab. Als Kriegsschiffe waren sie aber schon kurz nach der Wende zum 19. Jahrhundert Ausdruck einer erstarrten Entwicklung. Schon geraume Zeit vor ihrer Indienststellung waren Größe, Geschwindigkeit, Manövrierfähigkeit und Bewaffnung der Segellinienschiffe kaum noch zu steigern gewesen. Im Grunde genommen war der praktische Wert dieser letzten Größensteigerung umstritten.

Im Mittelpunkt dieser zeitgenössischen Darstellungen steht die Schlacht von Tschesme, die für die Lage im Mittelmeer von großer strategischer Bedeutung war und der Entwicklung der russischen Flotte starken Auftrieb gab. Oben: Beginn der Schlacht in der Straße von Chios, links die russische, rechts die türkische Flotte, die auch Galeeren einsetzte. Unten: Entwicklung der Schlacht. Das russische Geschwader greift unter Segel an und überrascht den Gegner durch unkonventionelle Taktik. Endgültig vernichtet wurde die türkische Flotte in der Tschesme-Bucht durch Brander

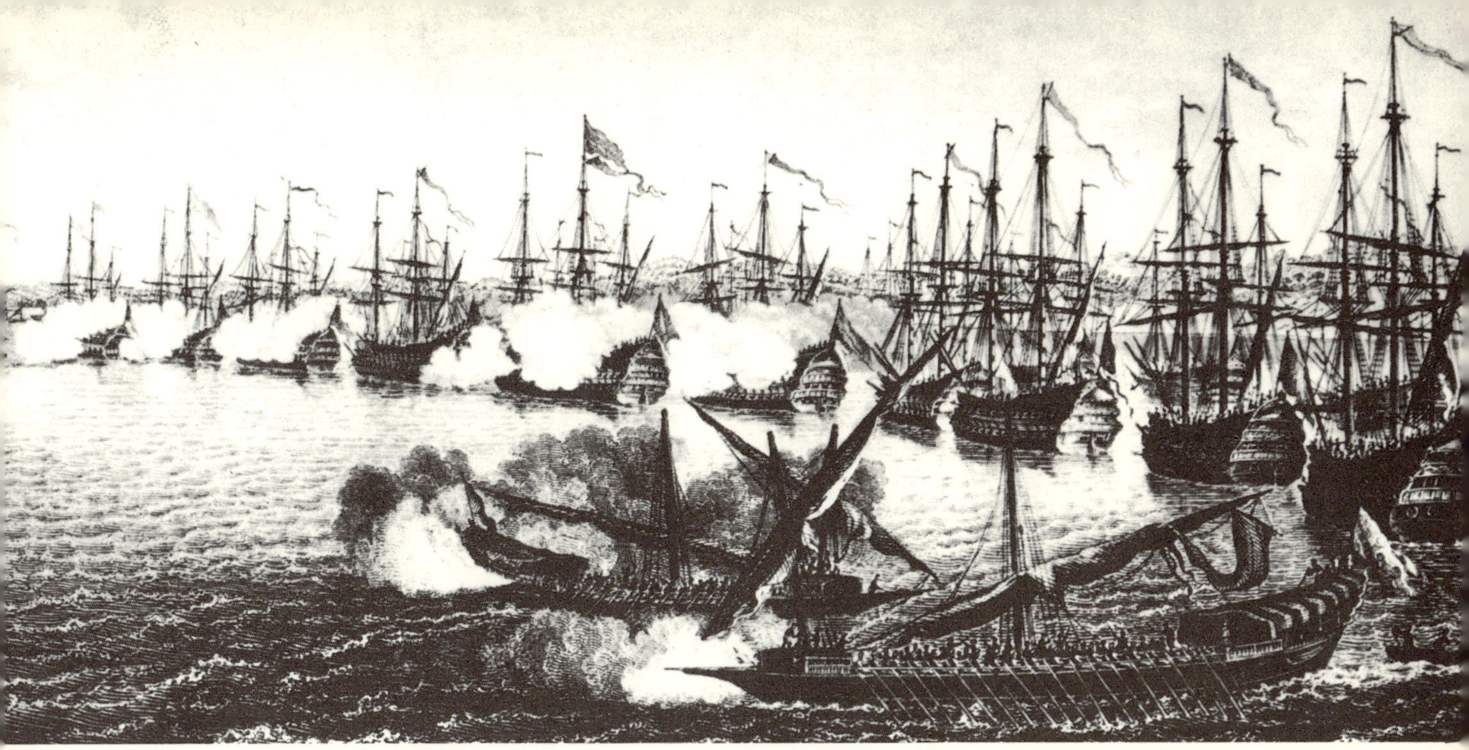

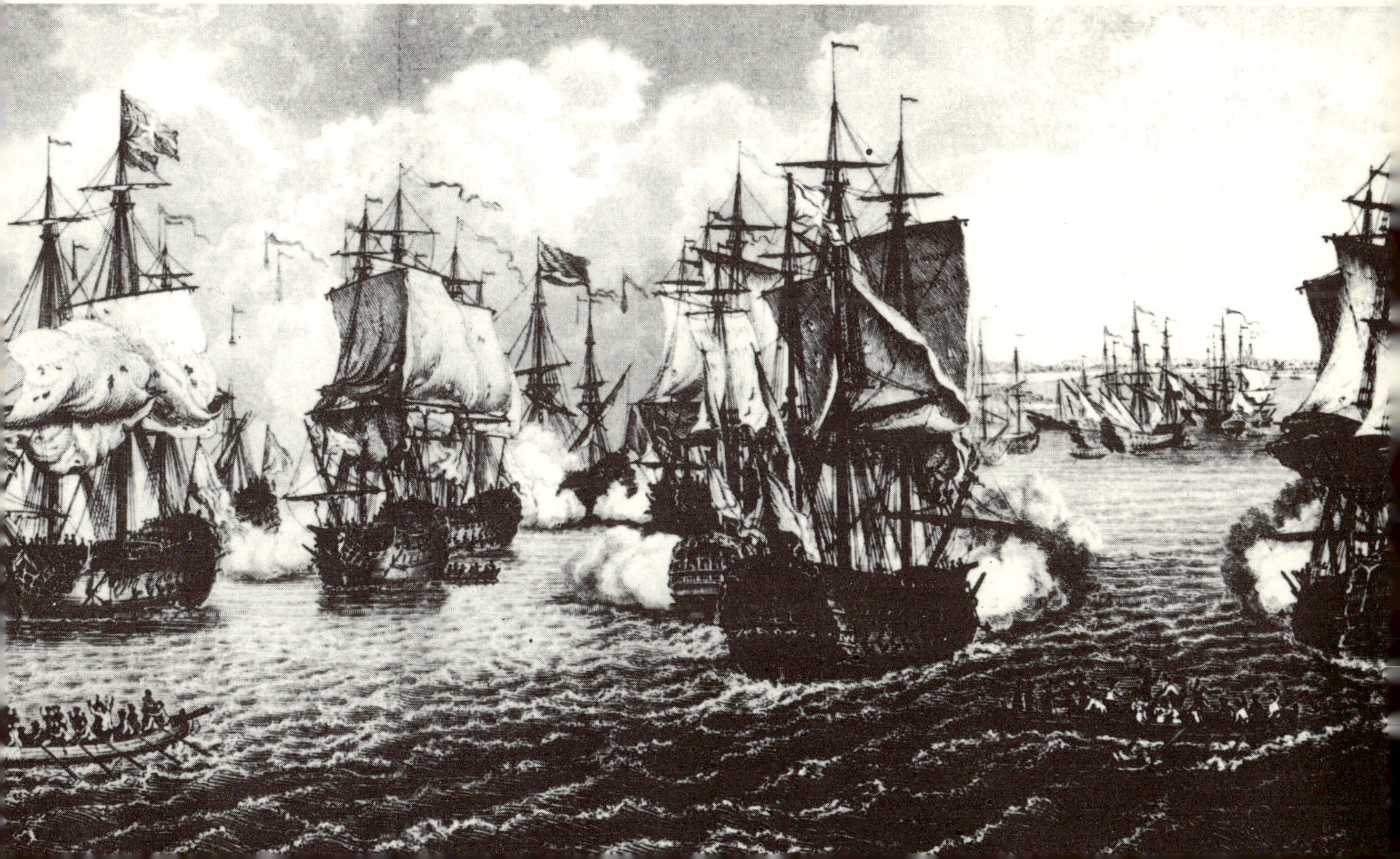

Fregatten

Ein kleines schnelles dreimastiges Segelkriegsschiff, das ein Zwischendeck zur Aufstellung von 6 bis 12 leichten Geschützen besaß, wurde schon zu Beginn des 17. Jahrhunderts als Fregatte bezeichnet. Diese Fregatten hatten aber nichts mit den ebenso bezeichneten schnellen Riemenkriegsschiffen des Mittelmeerraums zu tun, die häufig von nordafrikanischen und türkischen Korsaren benutzt wurden. Mit der Herausbildung der ständigen Segelkriegsflotten und der Klassifizierung ihres Schiffsbestands ging die Bezeichnung Fregatte an Schiffe des 4. und 5. Ranges über, teilweise auch an solche des 6. Ranges, an Schiffe also, die sicherstellenden Aufgaben dienten (Aufklärung, Sicherung, Geleitschutz, Kaperkrieg, Nachrichtenübermittlung u.a.). Da eine derartige Aufgabenstellung neben einer angemessenen Bewaffnung und Seetüchtigkeit vor allem gute Segeleigenschaften forderte, konnte man wirkliche Fregatten nicht durch den Umbau kleinerer Linienschiffe erhalten, wie dies wiederholt vor allem von der englischen Marine versucht wurde, sondern man benötigte dafür spezielle Neubauten mit schlankeren und im Unterwasserteil scharfgeschnittenen Rumpfformen. Ihre Besegelung mußte großflächiger als bei Linienschiffen sein; das erforderte höhere Masten und längere Rahen.

Bis Mitte des 18. Jahrhunderts unterteilte man die Fregatten in einigen westeuropäischen Ländern in Eindecker (mit einem geschlossenen Batteriedeck) mit 20 bis 30 Kanonen und Zweidecker mit 40 bis 50 Kanonen. Während sich die einen für die gestellten Aufgaben als zu schwach erwiesen, waren die anderen dafür zu schwerfällig und zu teuer. Deshalb bildete sich in der zweiten Hälfte des 18. Jahrhunderts unter Zusammenlegung aller Erfahrungen die eigentliche Fregattenklasse heraus. Bei ihr ergab die Erfüllung aller Forderungen an Geschwindigkeit, Seetüchtigkeit und Bewaffnung eine solche Harmonie, daß die Fregatten bis auf den heutigen Tag die schönsten und formvollendetsten Vertreter der Segelkriegsschiffsära darstellen. Ihr Einfluß auf die Entwicklung der großen Rahklipperschiffe ist unumstritten.

In der Frühzeit der regulären Segelkriegsflotten bezeichneten die Engländer 64-Kanonen-Linienschiffe 4. Ranges mit zwei Batteriedecks als Fregatten. Sie konnten ihren Aufgaben nicht gerecht werden, weil sie in ihren Rumpfformen zu füllig und daher zu langsam waren. Wurden solche Schiffe scharf gesegelt, um hohe Geschwindigkeiten zu erreichen – darauf kam es ja gerade bei einer Fregatte an –, so mußte das untere Batteriedeck wegen der zu geringen Höhe der Pforten über dem Wasser geschlossen werden. Aus diesem Grunde ordnete man beim Neubau von Fregatten die untere schwere Batterie relativ hoch an, damit die Geschütze auch beim stärkeren seitlichen Überlegen des Schiffes eingesetzt werden konnten.

Da die Zahl der durchgehenden Decks gewöhnlich auf eins, maximal auf zwei beschränkt blieb, konnten die Überwasserfläche und die Seitenhöhe des Rumpfes relativ niedrig gehalten werden, was ebenfalls zu den besseren Segeleigenschaften der Fregatten beitrug.

In der Seeschlacht wurden Fregatten im allgemeinen nicht in die Gefechtsformation der Linienschiffe eingereiht. Infolge ihrer geringeren Baufestigkeit waren sie trefferempfindlicher als Linienschiffe und konnten diesen mit ihren Geschützen nur in günstigsten Fällen nachhaltigen Schaden zufügen. Dafür übertrafen sie diese an Geschwindigkeit und Manövrierfähigkeit erheblich, insbesondere auch im Aufkreuzen gegen den Wind.

Der verstärkte Einsatz von Fregatten zur Handelskriegführung, d.h. die Schwerpunktverwendung als Kaperschiff gegen die Handelsflotte des Gegners, brachte im 17. und 18. Jahrhundert mehrmals eine starke Aufwertung dieser Schiffsklasse mit sich. Fregatten wurden bevorzugt für die Aufklärung, für das Geleiten von Frachtseglern und für die Verfolgung und Aufbringung feindlicher Schiffe verwendet. In vielen Fällen sicherten und unterstützten sie auch beschädigte Linienschiffe der eigenen Flotte und schleppten sie vom Gefechtsfeld. Sie übernahmen aber auch das endgültige Niederkämpfen und Entern sowie Einbringen gegnerischer Linienschiffe.

Infolge ihrer günstigen See- und Segeleigenschaften

*Seitens der Vereinigten Staaten von Amerika wurden im Seekrieg gegen Eng-
land 1812 bis 1815 zahlreiche sehr schnelle Kriegsschoner als Kaperschiffe und
Blockadebrecher eingesetzt. Solche Schiffe waren etwa 27 m lang, mit 10 bis 20
Kanonen bestückt und vielfach als Schonerbrigg getakelt. Einen dieser typischen Vorläufer der späteren Klipper stellt die hier abgebildete «Rambler» von
1812 dar.*

und ihres nicht unbedeutenden Gefechtswerts bevorzugte man Fregatten zur Bekämpfung des Piraten-,
Schmuggler- und Sklavenhändlerunwesens, setzte sie
aber auch zur Niederhaltung und Einschüchterung
kolonial unterdrückter Völker in Übersee ein, wobei
sie vielfach sogenannte Strafexpeditionen mit ihren
Kanonen unmittelbar unterstützten. Es soll an dieser
Stelle jedoch auch nicht unerwähnt bleiben, daß Fregatten, nicht zuletzt wegen ihrer vorteilhaften Eigen-
schaften und rentablen Größe, bei vielen Forschungs-
und Entdeckungsreisen des 18. und 19. Jahrhunderts
eine bedeutende Rolle gespielt haben.

Erstmals tauchten Fregatten in den Flottenlisten
Frankreichs 1681 und der Niederlande 1688 auf, und

Fuß

Meter

Das hier in seinem Aufbau mit Bug- und Heckansicht dargestellte erste russische Linienschiff «Goto Predestinazija» hatte nur eine Batteriedecklänge von 36 m. Die Fregatten des ausgehenden 18. Jahrhunderts waren mit einer Batteriedecklänge von 40 bis 48 m – die USA-Fregatten maßen sogar bis zu 62 m – wesentlich größer als viele der um 1700 gebauten Linienschiffe. Nach «Sudostrojenie»

zwar mit 24 bzw. 23 Schiffen. Ihre von dieser Zeit an einsetzende qualitative Entwicklung verlief wesentlich rasanter als bei den Linienschiffen, deren Linientaktik mehr und mehr erstarrte. Dieser Trend wird durch die Herausbildung der Fregatten in der russischen Flotte gut illustriert. Die russische Marine leitete nach der Erprobung von zwei 1688 gebauten Fregattenschiffen 1694 in Archangelsk und 1700 in St. Petersburg den Serienbau von 24- und 28-Kanonen-Fregatten ein, die 8pfünder als stärkstes Geschützkaliber führten. Die Solombalsk-Werft in Archangelsk baute 1704 drei 32-Kanonen-Fregatten für die Baltische Flotte, die sich so gut bewährten, daß Zar Peter I. 1718 ein Fertigungsprogramm für 32- und 40-Kanonen-Fregatten anordnete. 1767 legte das russische Flottenreglement die Armierung von Fregatten dieser Größe mit 16pfünderkanonen fest.

Die Seekriege des 18. Jahrhunderts gipfelten auch bezüglich der Fregatten in der Forderung nach einer wesentlichen Größen- und Gefechtswertsteigerung dieser Klasse. In fast allen seefahrttreibenden Ländern unterstützten namhafte Wissenschaftler, vor allem Mathematiker und Physiker, die Schiffbauer bei der Rumpfkonstruktion von Fregatten durch Berechnungen und Modellerprobungen. In Rußland, das zu dieser Zeit Seekriege gegen Schweden und die Türkei um die Vormachtstellung in der Ostsee und im Schwarzen Meer führte, leiteten die Werften von Archangelsk, St. Petersburg und Nikolajew 1789 den Bau von mehreren Serien Fregatten mit 44 Kanonen ein, von denen die meisten wenig später durch die Bewaffnung mit «Einhorn»-Bombenkanonen (eine russische Version glatter Nahkampfkanonen von der Art der Karronaden) auf 52 bis 56 Rohre verstärkt wurden.

Bereits im Januar 1790 kommt es zum Stapellauf der ersten 50-Kanonen-Fregatte in Nikolajew. Die Bestückung einer solchen 45 m langen Fregatte des Typs «Sw. Nikolai» bestand aus 32 18pfünderkanonen und 18 24pfünderkarronaden; die Besatzungsstärke betrug 500 Mann. Bis zum Beginn des Krimkriegs (1853–1856) erhöhte sich die Zahl der Kanonen und Bombenkanonen an Bord der russischen Fregatten auf 60, wobei für die obligatorischen Langrohrkanonen das 24pfünderkaliber vorgeschrieben war. Die letzten russischen Segelfregatten trugen schließlich bis zu 70 großkalibrige Geschütze, wobei neben langrohrigen 36pfünderkanonen auch 60pfünder-Bombenkanonen zur Anwendung kamen.

In Westeuropa prägten vor allem französische Werften die Entwicklung dieser Schiffsklasse durch den Bau besonders schneller und gut bestückter Fregatten. Die englische Marine nutzte jede sich bietende Gelegenheit, um französische Fregatten für den Nachbau zu erbeuten. Beispiele dafür lieferten die Schiffe «Danae», «Artois» und «La Pomone», die 1759, 1789 und 1794 erbeutet wurden und deren Auswertung dann nach einigen Jahren zum Bau neuer englischer Fregattentypen führte («Minerva», «Cambrian», «Endymion»).

Auch von seiten der jungen Marine der Vereinigten Staaten von Amerika mußten die Engländer auf dem Gebiet des Fregattenbaus bittere Lehren hinnehmen. Die Regierung der USA hat den Bau von Segelkriegsschiffen kurz vor der Wende zum 19. Jahrhundert eingeleitet. Man entschied sich, für die soeben gegründete Marine keine Linienschiffe, sondern dafür in Auswertung der Erfahrungen des Unabhängigkeitskriegs (1775–1783) besonders kampfstarke Fregatten zu bauen. Das Ergebnis waren 6 Schiffe, die mit einer Rumpflänge von rund 62 m und einer Wasserverdrängung von 1900 bis 2200 t sehr groß ausfielen. Die Bestückung setzte sich aus 26 bis 32 Langrohrkanonen und 12 bis 22 Karronaden zusammen. An 48 bis 52 m hohen Masten trugen die «Constitution» und die «Constellation» ebenso wie ihre Schwesterschiffe eine breit ausladende Besegelung von rund 4000 m² Gesamtsegelfläche. Diese besaß auch bei schwächerem Wind einen hohen Wirkungsgrad und ermöglichte bei Windstärken um 4 bis 6 Geschwindigkeiten von 12 bis 15 sm/h. Auch der Gefechtswert war beeindruckend. So betrug das Breitseitengewicht, d. h. das Gesamtgewicht der mit einer Salve abgefeuerten Kugeln, mit rund 400 kg fast den doppelten Wert englischer Fregatten. Und da ihre Besatzungen hervorragend ausgebildet waren, schneller und treffsicherer schossen und

Die hauptsächlichen Segel einer Fregatte

Segel des Kreuzmastes
1 Besan
2 Kreuzmarssegel
3 Kreuzbramsegel
4 Kreuzoberbramsegel

Segel des Großmastes
5 Großgaffelsegel
6 Großsegel
7 Großmarssegel
8 Großbramsegel
9 Großoberbramsegel
10 Großoberleesegel
11 Großbramleesegel

Segel des Fockmastes
12 Vorgaffelsegel
13 Fock
14 Vormarssegel
15 Vorbramsegel
16 Voroberbramsegel
17 Voroberleesegel
18 Vorbramleesegel

Segel des Bugspriets
19 Vorstängestagsegel
20 Klüver
21 Außenklüver

zudem noch als Freiwillige den zwangsgemusterten Engländern moralisch überlegen waren, konnte nicht ausbleiben, daß die USA-Fregatten in Einzelkämpfen mit englischen Schiffen unerwartet große Erfolge erzielten.

Mit diesen Schiffen griffen die Amerikaner während ihres 2. Unabhängigkeitskriegs (1812–1814) vor allem die Knotenpunkte des englischen Seehandels an und drangen bis in die Biskaya vor. Bis auf einen Fall kämpften die USA-Fregatten jeden englischen Gegner nieder bzw. entkamen seinen hartnäckigen Verfolgungen. Nach dem Verlust von drei Fregatten und zwei Sloops bezeichnete die britische Admiralität die amerikanischen Schiffe als «verkleidete Linienschiffe». Da die englische Marine im Kampf um die Seeherrschaft die Auseinandersetzungen mit ihren Rivalen hauptsächlich mit Linienschiffen ausgefochten hatte, wurde sie von dieser Entwicklung völlig überrascht. Sie hatte zwischen 1793 und 1810 ihre schweren Zweideckerfregatten mit jeweils 44 bis 56 Kanonen von 30 auf 15 Einheiten verringert und im gleichen Zeitraum die Anzahl der 20 bis 38 Kanonen führenden Fregatten von 96 auf 162 erhöht.

Die englische Marine versuchte der prekären Lage Herr zu werden, indem sie überstürzt drei 74-Kanonen-Linienschiffe durch Entfernung der Aufbauten den amerikanischen Fregatten anzupassen versuchte und 1813 ihre drei ersten 60-Kanonen-Fregatten in Auftrag gab.

Für den Bau von Segelkriegsschiffen ergab sich aus den Erfahrungen von 1812 bis 1814 die allgemeine Einführung großer Kreuzerfregatten. Einige Länder setzten diese Schiffe vor allem auf überseeischen Stationen ein. In der englischen Marine wurden sie zu den direkten Vorläufern der Kolonialkreuzer.

Insgesamt ergab sich als Entwicklungstendenz in den Segelschiffsflotten des 19. Jahrhunderts, daß die schnellere und vielseitiger einsetzbare und daher rentablere Fregatte das schwerfällige und kostspielige Linienschiff zunehmend zurückdrängte. Durch ihren wesentlich gesteigerten Gefechtswert konnten Fregatten bereits Aufgaben erfüllen, die früher ausschließlich Linienschiffen vorbehalten waren.

Aus diesem Grunde gehörten Fregatten zu den ersten Segelkriegsschiffen, die man nicht nur mit Dampfmaschinen ausrüstete, sondern bei denen man auch gleich den zweiten entscheidenden Schritt der technischen Revolution im Kriegsschiffbau machte und sie mit Schraubenantrieb versah. Bereits 1845 wurde die erste französische Schraubenfregatte «Pomone» mit 162 kW (220 PS) in Dienst gestellt, gefolgt von der russischen «Archimed» mit 221 kW (300 PS) und der englischen «Arrogant» mit 265 kW (360 PS).

Korvetten

Diese Schiffe gehörten zum letzten Rang der Segelflotten und bildeten die kleinste der drei regulären Schiffsklassen in der Segelschiffsära. Ihre Zuordnung ist nicht immer einheitlich gewesen. Mitunter wurden einfach kleinere Fregatten als Korvetten bezeichnet. In der Tat gab es zwischen beiden Klassen enge Zusammenhänge.

Vornehmlich in Frankreich bezeichnete man als Korvette einen dreimastigen, meist als Vollschiff, seltener als Bark getakelten Kriegssegler, der ähnlichen Zwecken diente wie die Fregatte, aber wesentlich kleiner als diese war. Daraus ergaben sich entsprechende Einschränkungen hinsichtlich der Bewaffnung, aber auch der Proviant- und Wasservorräte. Die Entwicklung von Korvetten ist auf den Bedarf an relativ kleinen, aber voll kriegstauglichen Segelschiffen zurückzuführen, die sich vorrangig für Aufklärungs-, Bewachungs-, Kurier- und Begleitaufgaben im kleineren Radius eigneten. Oftmals waren es auch Korvetten, mit denen die sich entwickelnden kapitalistischen Mächte kolonialistische Eroberungen durchführten oder diese ausweiteten. Mit ihrer Hilfe brachen sie den Widerstand der gegen die Ausbeutung aufbegehrenden Völker oder erwehrten sich des Zugriffs kapitalistischer Konkurrenten in ihrer Kolonialsphäre. Darüber hinaus wurden Korvetten neben Fregatten vielfach als Expeditions-, Schul- und Ausbildungsschiffe verwendet.

Abgesehen von ihrer geringeren Größe und den sich daraus ergebenden geringeren Möglichkeiten waren auch Korvetten «Kreuzer» im besten Sinne des Wortes, da sie auf Grund ihrer noch schärferen und leichteren Bauart gute Segeleigenschaften besaßen. Sie konnten deshalb ziemlich hoch am Wind segeln und so auch ein in Windrichtung liegendes Ziel erreichen.

Zuerst waren es etwa 25 m lange dreimastige Rahsegler, vereinzelt auch Briggs, von 150 bis 200 t Wasserverdrängung mit 12 bis 16 Kanonen und 75 bis 90 Mann Besatzung, die man als Korvetten bezeichnete. Im 18. und 19. Jahrhundert stellte eine Korvette ein etwa 450 bis 600 t verdrängendes Dreimastschiff von 33 bis 38 m Länge und 8 bis 10 m Breite dar, das 115 bis 150, maximal aber 195 Mann Besatzung hatte. Seine 20 bis 24 Kanonen waren im allgemeinen ungeschützt an Oberdeck aufgestellt und feuerten durch Schanzkleidpforten. Zuweilen erhielten Korvetten ein leichtes Oberdeck im Vor- und Achterschiff, auf dem noch einige kleinkalibrige Geschütze Platz fanden. Daraus leitete sich eine Unterteilung der Klasse in Glattdeck- und gedeckte Korvetten ab.

In der englischen Marine bezeichnete man Schiffe in der Art der Korvetten als Sloops («sloop of war»). Auch die russische Marine benutzte eine größere Zahl Segelkriegsschiffe dieser Klasse bis weit in das 19. Jahrhundert hinein unter der Bezeichnung

«Schljups». Einige dieser russischen Korvetten erreichten eine beachtliche Größe und Seetüchtigkeit. So war die 1818 in St. Petersburg von Stapel gelaufene «Wostok» ein 1000-t-Schiff von 40 m Rumpflänge und 10 m Breite, mit einer Besatzung von 117 Mann (Friedensstärke). 28 Kanonen und 10 Karronaden bildeten die Bewaffnung dieser Schljup. Von 1818 bis 1821 konnte die «Wostok» zusammen mit dem Schwesterschiff «Mirny» ihre überdurchschnittlichen See- und Segeleigenschaften in besonderem Maße unter Beweis stellen. Sie war das Expeditionsschiff F. F. Bellinghausens bei einer 751 Tage währenden Entdeckungs- und Forschungsfahrt in die Antarktis und in den Südpazifik, in deren Ergebnis u. a. 29 Inseln entdeckt wurden.

Die Zahl der als Korvetten bzw. Sloops klassifizierten Segelkriegsschiffe ist zeitweise größer gewesen, als allgemein angenommen wird. Zum Beispiel verzeichnete 1782 die Schiffsliste der englischen Marine 217 Fahrzeuge als Sloops. Das Verzeichnis der französischen Flotte führte im gleichen Jahr 86 Korvetten auf, während für Spanien 31 und für die Niederlande 13 solche Segelkriegsschiffe ausgewiesen wurden. Dabei ist allerdings in Betracht zu ziehen, daß in diesen Ländern Schiffe von der Art der Korvetten bzw. Sloops auch die Bezeichnung Aviso trugen. Damit wurde auf ihre bevorzugte Verwendung als Nachrichtenübermittler, Signalwiederholer und Kurierschiff verwiesen.

Zu den Seekriegsflotten der Segelschiffszeit gehörten außer den Schiffen der drei Hauptklassen Linienschiff, Fregatte und Korvette, die ungeachtet ihrer unterschiedlichen Größe und Aufgaben einheitlich eine Dreimast-Rahtakelung trugen, eine Vielzahl kleinerer Fahrzeuge, die von ihrem Aussehen her ebenso verschiedenartig waren wie in ihrer Zweckbestimmung.

Die 1831 gebaute «Pallada» galt in den 30er und 40er Jahren des vorigen Jahrhunderts als eines der gelungensten Segelkriegsschiffe ihrer Klasse. Die Fregatte war im Batteriedeck 52,7 m lang und 13,3 m breit. Ihre Wasserverdrängung betrug 2090 t, die Besatzungsstärke 403 Mann. Das Schiff war mit 52 Kanonen und Karronaden bestückt. 1853 legte es auf der Fahrt von St. Petersburg nach Nagasaki eine Teilstrecke von 5800 sm in 32 Tagen zurück, was einer Durchschnittsgeschwindigkeit von fast 8 sm/h entsprach. Nach «Sudostrojenie»

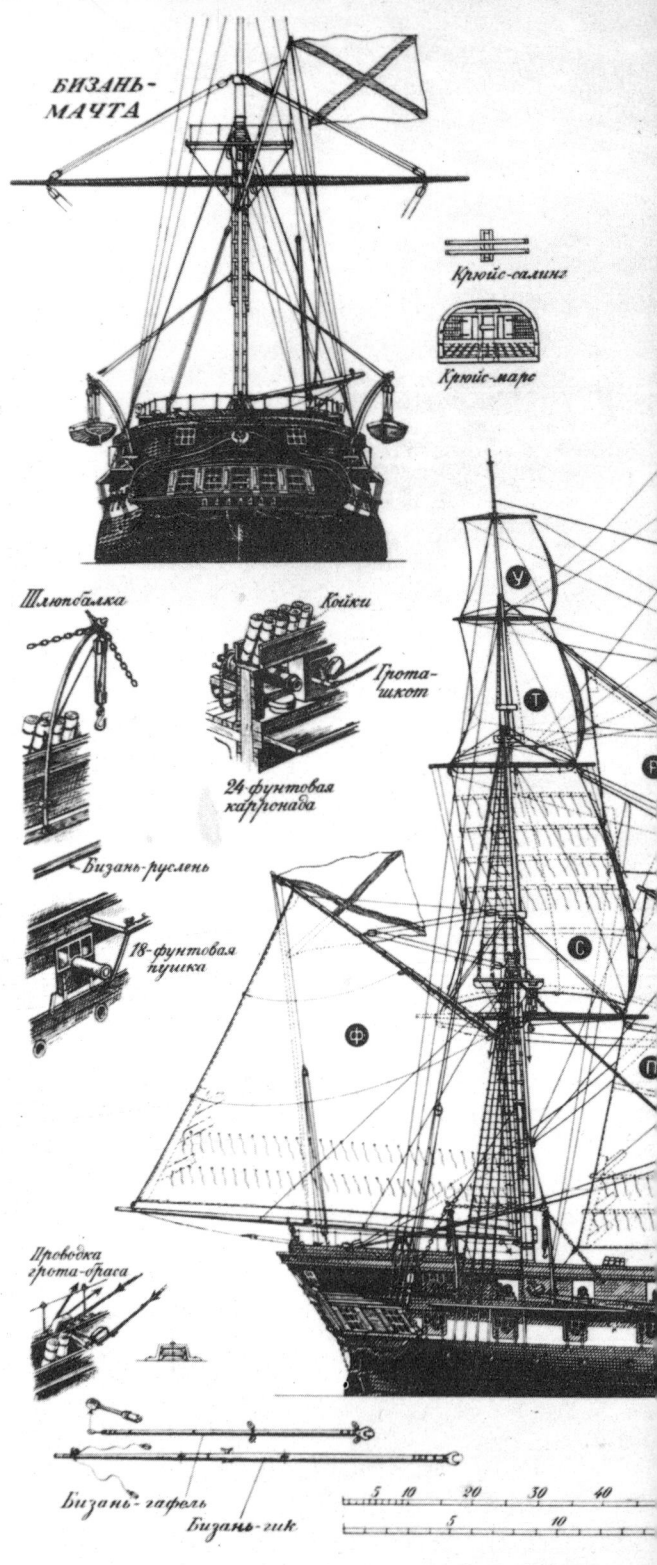

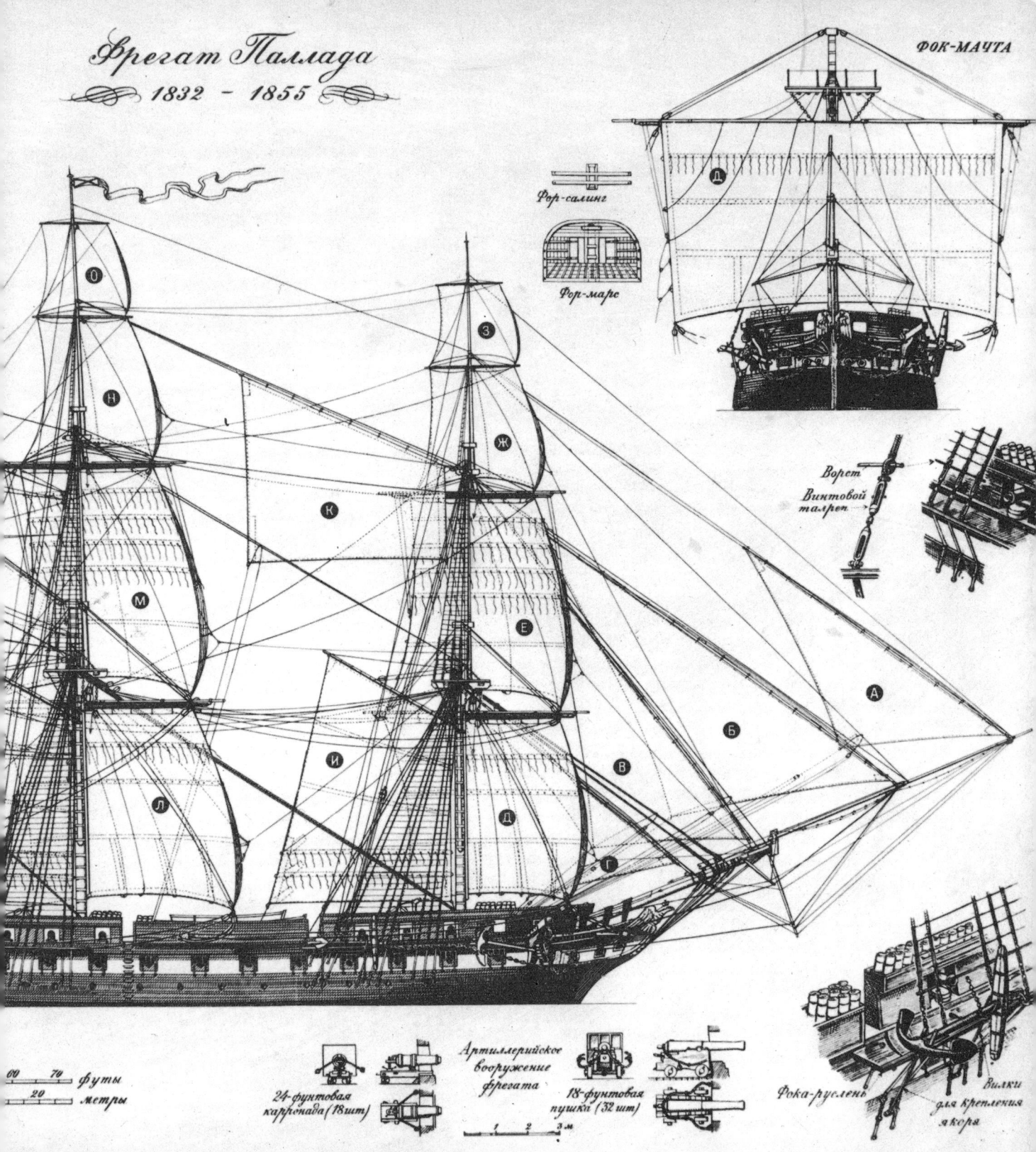

Фрегат Паллада
1832 – 1855

ФОК-МАЧТА

Фор-салинг

Фор-марс

Ворст
Винтовой талреп

Фока-руслень

Вилки
для крепления
якоря

60   70   футы
20   метры

Артиллерийское
вооружение
фрегата

24-фунтовая
карронада (18 шт)

18-фунтовая
пушка (32 шт)

1   2   3 м

Briggs, Schnauen und Brigantinen bildeten den Großteil der zweimastigen Segelkriegsschiffe des 18. und 19. Jahrhunderts. Obwohl in unterschiedlicher Größe und Ausführung gebaut, dienten sie vorrangig als Schnellsegler für den Kaper- und Geleitdienst, wurden aber auch zur Aufklärung und zum Überbringen von Post und Kurieren eingesetzt. Flottenlisten aus jener Zeit weisen eine recht beträchtliche Anzahl solcher Schiffe aus. Die russische Baltische Flotte erhielt beispielsweise in den ersten 23 Jahren ihres Bestehens (1702–1725) 160 Briggs, Schnauen und Brigantinen. Das läßt vermuten, daß die Lebensdauer dieser Fahrzeuge infolge hoher Abnutzung, Unfälle und Kriegsverluste relativ kurz gewesen ist. Selbst Mitte des 19. Jahrhunderts enthielten die Schiffsverzeichnisse aller Kriegsflotten der Welt noch eine größere Zahl zweimastiger Segelkriegsschiffe, insbesondere die wegen ihrer Schnelligkeit und Wendigkeit beliebten Briggs.

Es gab gewöhnlich 10-, 16- und 20-Kanonen-Briggs, deren Wasserverdrängung zwischen 150 und 450 t betrug. Bei der größeren Ausführung war der Rumpf 34 m lang und 9 m breit, wobei der Unterwasserteil zur Erzielung überdurchschnittlicher Segeleigenschaften sehr scharfe Formen hatte. Der Tiefgang war mit 5 m relativ groß. Die Bestückung der Kriegsbriggs war von unterschiedlicher Zusammensetzung und abhängig von Baujahr und Aufgabenstellung des jeweiligen Schiffes.

Beim ausgewählten Beispiel diente das Schiff zu Kaperaufgaben in der Biskaya und führte eine wirkungsvolle Jagd- und Nahkampfbewaffnung: zwei langrohrige 18pfünder-Jagdkanonen und 18 24pfünderkarronaden. Andere Kriegsbriggs, wie die amerikanische «Lexington» von 1775, sind von geringerer Tonnage (um 170 bis 200 t), von leichterer Bewaffnung (16 4pfünderkanonen), aber auch von noch schlankerer Form (Länge 37,5 m; Breite 6,9 m; Tiefgang 2,8 m) gewesen. Kennzeichnend für diesen Schiffstyp waren die sehr hohen Masten mit jeweils vier oder fünf Rahsegeln.

Die in den Kriegsflotten seit dem 18. Jahrhundert verwendeten *Schnauen* oder Schnaubriggs entsprachen bis auf den unmittelbar hinter dem Großmast stehenden zusätzlichen Mast, den Schnaumast, weitgehend den Briggs.

Brigantinen oder Schonerbriggs unterschieden sich von allen bisher genannten Segelkriegsschiffen, die mit Ausnahme einiger Korvetten vollgetakelte, also mit Rahsegeln versehene Masten hatten, durch ihre Mischtakelung. Bei ihnen führte nur der vordere Mast (Fockmast) drei bis fünf trapezförmige Rahsegel, während am stets etwas höheren zweiten Mast (Großmast) ein Gaffelsegel und meist darüber ein dreimastiges Gaffeltoppsegel gefahren wurde.

Ein in den europäischen Küstengewässern verbreiteter Typ von Kriegsbrigantinen hatte 200 t Wasserverdrängung; der Rumpf war 27 m lang und 7,7 m breit; die Besatzung bestand aus 50 Mann. Die Bewaffnung von 4 bis 6 leichten Geschützen befand sich in Oberdecksaufstellung hinter Schanzkleidpforten. Besonders schnelle Kriegssegler waren nordamerikanische Brigantinen um 1810, aus denen später die berühmten Baltimore-Klipper hervorgingen.

Von den einmastigen Segelschiffen, die in den Kriegsflotten des 18. und 19. Jahrhunderts Dienst taten, sind hauptsächlich *Kutter* und *Jachten* zu erwähnen. Beide verwendete man wegen ihrer guten See- und Segeleigenschaften zum Wach- und Nachrichtendienst sowie zur Kaperei und zur Bekämpfung von Schmugglern, dies besonders in Küstengewässern und im Gebiet von Meerengen. Die Bewaffnung dieser Schiffstypen bestand wegen ihrer geringen Größe nur aus wenigen kleinkalibrigen Geschützen.

Ausschließlich für den Kriegseinsatz konstruiert waren *Mörserboote*, mitunter auch wegen einiger nationaler Unterschiede in der Bauart und Takelung als Bombengalioten, Bombenketschen oder Bombardierschiffe bezeichnet. Ihre Aufgabe war es vor allem, unbewegliche Ziele, wie Küstenforts und verankerte Schiffe oder in engen Fahrwassern manövrierbehinderte Schiffe, mittels Steilfeuer zu beschießen. Durch die Anordnung der Mörser im Vorschiff war der vordere Mast der Mörserboote viel weiter nach hinten versetzt aufgestellt, als dies für den vorderen Mast bei Zweimastern sonst üblich war. Die Masten wurden im

Gefecht niedergelegt. Zur Selbstverteidigung und als Gelegenheitswaffen dienten diesen Fahrzeugen 4 bis 6 Kanonen oder Karronaden in der üblichen Breitseitenaufstellung.

In der gebräuchlichsten Ausführung waren Mörserboote bis zu 25 m lang und hatten eine Tragfähigkeit von etwa 200 t. Die Besatzungsstärke wird überwiegend mit 70 Mann angegeben. Die Art der Besegelung ist nicht einheitlich gewesen; es hat sowohl rahgetakelte als auch gaffelgetakelte Mörserboote gegeben.

Die Steilfeuerboote wurden erstmals 1660 erwähnt. Ihre Entwicklung wird Franzosen und Russen zugeschrieben, die solche Boote als erste in großer Zahl zur Beschießung starker Küstenforts in Nordafrika (Al-

Darstellung von französischen Bombengalioten mit unterschiedlicher Takelage in einem Kupferstich von N. Ozanne. Variante A zeigt deutlich den nach achtern versetzten vorderen Mast

gier) bzw. im Asowschen Meer einsetzten. In Berichten aus jener Zeit werden auch größere Bombardierschiffe erwähnt, die bis zu 20 schwere Geschütze führten. Bei diesen kann es sich aber auch um eine Art von schwimmenden Batterien gehandelt haben, die nicht seefähig waren und daher im allgemeinen nicht zu den Segelkriegsschiffen gerechnet werden.

Den Mörserbooten analoge, aber mit Flachbahnartillerie bestückte Fahrzeuge waren Kanonenprahme, -boote und -schaluppen. Napoleon I. ließ beispielsweise 908 Schiffe dieser drei Typen für die geplante Invasion in England bauen. Ein Teil der Prahme hatte die Größe und die Bewaffnung von Korvetten und war auch wie diese getakelt. Der Tiefgang betrug aber nur 2,50 m.

Eine Übersicht über die Segelkriegsschiffe des 17. bis 19. Jahrhunderts wäre ohne die *Brander* oder Brenner unvollständig. Sie waren lange Zeit ein reguläres Kampfmittel der Seglerflotten und spielten zeitweise eine ausschlaggebende Rolle im bewaffneten Kampf auf See.

Die Aufgabe von Branderschiffen war es, gegnerische Schiffe und Küsteneinrichtungen durch Brand- und Sprengwirkung zu zerstören. Wenn es sich auch überwiegend um entsprechend umgebaute ältere Fracht- und Kriegssegler handelte, so hat es doch auch zahlreiche speziell zu diesem Zweck gebaute Brander gegeben.

Für ihre einmalige Verwendung bereitete man solche Schiffe auf verschiedene Art vor. In der Hauptsache diente eine leicht entzündliche und stark brennende Ladung aus Pech, Phosphor, Teer, Harz, Öl, Schwefel und Holzspänen sowie anderen brennbaren Materialien dazu, das Schiff schnell und so stark flammend in Brand zu setzen, daß es mit Sicherheit das angegriffene Ziel vernichtete. Vielfach wurden noch Pulverladungen im Brander angebracht, die durch ihre Sprengkraft die brennende Ladung im größeren Umkreis verstreuen sollten.

Zu den übrigen technischen Vorbereitungen gehörten die Ausrüstung des Branders mit schweren Wurfdraggen und das Anbringen sichelförmiger Haken an den Rahen zum Festmachen an gegnerischen Schiffen. Eine Branderbesatzung war im wahrsten Sinne des Wortes ein Himmelfahrtskommando und bestand überwiegend aus Freiwilligen, mit denen man im Falle ihrer Gefangennahme meist kurzen Prozeß machte. War der Einsatzbefehl erteilt, versuchte die Branderbesatzung möglichst schnell an das Zielschiff heranzumanövrieren, die Ladung rechtzeitig zu zünden, den Brander am Gegner zu befestigen und sich in einem vorbereiteten Beiboot zu retten. Verschiedentlich ließ man die Brander auch über größere Strecken ohne Besatzung und lediglich durch Strömung und Wind an das Zielobjekt herantreiben. Vielfach waren Brander auch mit Kanonen bestückt, um während der Annäherung Bootsangriffe des Gegners abwehren zu können.

Schwerpunktziele für den Brandereinsatz waren ankernde, aufgelaufene und manövrierunfähig geschossene Schiffe der Gegenseite. In der Seeschlacht wurden Branderschiffe auch verwendet, um die Gefechtsordnung des Gegners zu verwirren und um ihn in Panik zu versetzen. Besonders bevorzugte man Brandereinsätze bei Nacht und unsichtigem Wetter.

Sogenannte Feuerschiffe zum Inbrandsetzen der feindlichen Flotte hat es bereits im Altertum im Mittelmeer gegeben. In nördlichen Gewässern sollen Branderschiffe erstmals im Jahre 1304 in einem Seegefecht zwischen Franzosen und Flamen zur Zerstörung aufgelaufener Schiffe benutzt worden sein.

Im 16. Jahrhundert nahm die Verwendung solcher Segelkriegsschiffe zu. Bei der Verteidigung von Antwerpen setzten 1585 die Niederländer 34 zusätzlich mit Pulverfässern beladene Brander ein, um eine spanische Schiffsbrücke über die Schelde zu sprengen. Als Sprengschiffe dienten Brander im 17. und 18. Jahrhundert auch bei Angriffen gegen Hafenbefestigungen, zur Beseitigung von Hafensperren und zum Sprengen von Kais und Molen.

Die Engländer benutzten Branderschiffe am 28. Juli 1588, um die bei Gravelines ankernde spanische Armada zu dezimieren und zu demoralisieren. Vor allem im 17. Jahrhundert gehörten Brander zu jedem Geschwader, und ihre Verwendung war ein fester Bestandteil der Flottentaktik. Höhepunkt ihrer Einsatztätigkeit waren die englisch-niederländischen Seekriege. 1653 kamen auf beiden Seiten auf 100 Segelkriegsschiffe 5 oder 6 Brander. Die mit ihnen erzielten Erfolge bewirkten, daß die Engländer und die Niederländer um 1660 und 1672 auf 2 oder 3 reguläre Kriegsschiffe je einen Brander rechneten. Einen überzeugenden Erfolg errang das russische Mittelmeergeschwader 1770 bei Tschesme, wo im Ergebnis eines Nachtangriffs von 4 Brandern gegen die in einer Bucht ankernden Türken deren gesamte Flotte mit 61 Schiffen und 11 000 Mann vernichtet wurde. Der wahrscheinlich letzte

Die niederländische Flotte hatte in der ersten Hälfte des 17. Jahrhunderts zahlreiche Seegefechte und -schlachten gegen die Kriegsschiffe der stärksten Konkurrenten Spanien und England zu bestehen. Das Gemälde von Adries van
Eertvelt stellt eine Schlachtepisode dar, in der zwei niederländische Kriegsschiffe einen gegnerischen Zweidecker von zwei Seiten angreifen und ihn zum
Kampf mit beiden Breitseiten zwingen

Zeichnung einer Galeone aus der Zeit der Königin Elisabeth I. Stückpforten
waren schon vorgesehen; die Kanone an Oberdeck ruht bereits auf der bis zum
19. Jahrhundert typischen Marinelafette

Dieses zu Repräsentationszwecken vom brandenburgischen Kurfürsten Friedrich Wilhelm I. (1620–1688) bestellte Gemälde von Lieve Verschuir zeigt die kurfürstliche Flotte im Jahre 1684 in der Ostsee. Zu dieser Zeit zählte sie 34 überwiegend bewaffnete Schiffe, bei denen die niederländische Bauweise überwog. Unter den 16 als Fregatten bezeichneten Schiffen befanden sich auch bewaffnete Fleuten. Von links nach rechts: Jacht «Bracke» (1676–1708), 3 Kanonen; Fregatte «Friedrich Wilhelm zu Pferde» (1681–1693), 50 Kanonen; Fregatte «Dorothea», ex «Friedrich Wilhelm» (1679–1692), 44 Kanonen; Fregatte «Roter Löwe» (1679–1690), 20 Kanonen; Jacht des Kurfürsten «Große Jacht» (1679–1721), 6 Kanonen; Fregatte «Carolus Secundus», später «Markgraf von Brandenburg» (1680–1687), 50 Kanonen; Fregatte «Kurprinz von Brandenburg» (1675–1685), 32 Kanonen

Feuer war die größte Gefahr, die den Segelkriegsschiffen drohte, und es wurde daher bevorzugt als Kampfmittel gegen sie eingesetzt – sei es durch Brander, Brandmunition oder Brandlegung. Im Sommer 1667 drang die niederländische Flotte unter de Ruyter weit in die Mündung der Themse und des Medway ein. Sie setzte dabei 15 Brander ein und verbrannte zahlreiche englische Kriegsschiffe. Das Bild gibt eine solche Episode wieder, die sich am 20. Juni 1667 vor Fort Sheerness ereignete. Brander haben zwei vor Anker liegende Linienschiffe überrascht und in Brand gesetzt. Die Besatzungen verlassen panikartig die kurz darauf explodierenden Schiffe

Im dritten englisch-niederländischen Seekrieg lieferte Admiral de Ruyter der vereinten englisch-französischen Flotte bei Solebay/Lowestoft am 7. Juni 1672, bei Schooneveldt/Vlissingen am 14. Juni 1673 und vor Kijkduin/Texel am 21. August 1673 erbittert geführte Seeschlachten. Die niederländische Flotte gewann diese Treffen vor allem durch Anwendung einer entschlossen geführten Durchbruchstaktik. Im Endergebnis bewahrte de Ruyter durch den Ausgang dieser Schlachten die Niederlande vor dem Schlimmsten, und durch den Sieg von Texel wurde die Gefahr einer Invasion gebannt. Das Gemälde von Willem van de Velde d. J. zeigt den niederländischen Angriff aus der Luvstellung unter vollen Segeln. In Bildmitte die «Gouden Leeuw», das Flaggschiff Admirals C. Tromp, der die niederländische Vorhut befehligte

In den Seeschlachten des 17. Jahrhunderts zwischen den Engländern und Niederländern wurde die Entscheidung vor allem im Nahkampf gesucht. Ein wildes Schiffsgemenge (mêlée) war die Regel, in dem sich die Gegner mitunter stundenlang auf Entfernungen von nur 20 bis 50 m beschossen, ehe sie zum Enterkampf übergingen. Eine dieser charakteristischen Szenen aus den drei englisch-niederländischen Seekriegen zeigt das Gemälde von Ludolf Backhuisen (1631–1708)

Der spanische Vierdecker «Santissima Trinidad» war mit 60 m Länge, 130 Geschützen und 1115 Mann Besatzung das größte Segelkriegsschiff der Jahre um 1800. Nachdem es bereits im Februar 1797 vor Kap St. Vincent gegen die Engländer gekämpft hatte, mußte es sich bei Trafalgar gegen ein halbes Dutzend gegnerischer Schiffe wehren, schließlich aber seine Flagge streichen. Im Kampf schwer beschädigt, sank es nach der Schlacht am 24. Oktober 1805 im Sturm. Bemerkenswert an der Darstellung des Schiffes sind die Royalsegel an allen drei Masten sowie die Leesegel an Vor- und Großtop

In diesem Gemäldeausschnitt gibt I. K. Aiwasowski die Parade der russischen Schwarzmeerflotte wieder, die 1849 vor Sewastopol in Anwesenheit von Zar Nikolai I. stattfand. In klassischer, dicht aufgeschlossener Schlachtlinie segeln die Linienschiffe heran. An der Spitze fährt als Flaggschiff ein 120-Kanonen-Dreidecker des Typs «Dwenadzatj Apostolow». Mit einer Rumpflänge von 64,5 m und einer Breite von 18 m gehörten diese in einer Viererserie ab 1838 in Nikolajew gebauten Schiffe zu den letzten Vertretern ihrer Art. Die nachfolgenden Linienschiffe sind 84-Kanonen-Zweidecker, die den Standardtyp der Schwarzmeerflotte bildeten

Im 18. Jahrhundert war die Schiffsartillerie noch nicht wirkungsvoll genug, um schiffvernichtend sein zu können. Sie diente der Vorbereitung des Enterkampfs. Im Bild eine solche Enterszene aus dem nordamerikanischen Unabhängigkeitskrieg. Die Mannschaft der «Shannon» ist im Begriff, die «Chesapeake» zu nehmen. Der mit gezogenem Degen dargestellte Brite Philip Broke von der «Shannon» war einer der glühendsten Verfechter des Artilleriekampfes. Deshalb waren auch die ihm unterstellten Geschützmannschaften am besten geschult und trainiert, was ihnen den Sieg über die «Chesapeake» brachte

Eine Kanone an Bord eines englischen Segelkriegsschiffs zu Nelsons Zeiten erhält mittels Handspaken Seitenrichtung. Im Vordergrund ein Faß mit Einkerbungen, die die glimmenden Lunten hielten

Im Krieg mit der Türkei 1806 bis 1812 operierte ein russisches Geschwader unter Vizeadmiral D. N. Senjawin im Ägäischen Meer. Am 1. Juli 1807 kam es bei der Halbinsel Athos zum Kampf mit einem türkischen Verband. Auf dem Gemälde von A. P. Bogoljubow ist dargestellt, wie die russische Schlachtlinie bei fast völliger Windstille zum Artilleriekampf an den Gegner heranschließt. Wenig später durchbricht die taktische Nr. 7 der Russen, das Linienschiff «Rafail», die türkische Gefechtsformation in der Mitte, um das Flaggschiff «Seddul-Bachr» auch von Luv zu bekämpfen. Die Untersegel sind aufgegeit, um das Sichtfeld zu verbessern und die Brandgefahr zu vermindern

Die Standardtakelung der Segelkriegsschiffe des 17. Jahrhunderts umfaßte fünf Rahsegel und ein Lateinsegel an drei Masten. Ihrer Luvgierigkeit, die durch die hohen Achteraufbauten entstand, versuchte man durch kleine Rahsegel unter dem Bugspriet (Blinde) bzw. an einem kleinen Sprietmast (Bowen- oder Schiebblinde) entgegenzuwirken. Ludolf Backhuisen hat hier ein derartig getakeltes niederländisches Pinaßschiff beim Inseegehen dargestellt. Auf den im Vordergrund gezeigten Küstenseglern sind neben den typischen Sprietsegeln die Stagsegel bemerkenswert. Sie wurden auf großen Schiffen erst an der Wende zum 18. Jahrhundert üblich und verdrängten dann die unhandlichen Blinden

Brander. Deutlich erkennbar die achtern Backbord eingeschnittene Pforte, durch die die Besatzung das Schiff kurz vor Erreichen der zu bekämpfenden gegnerischen Flottenkräfte verließ, um vom Beiboot aus dann die Hauptladung zu zünden. An den Unterrahen von Fock- und Großmast sind mit A bezeichnete sichelförmige Haken zum Festklammern an feindlichen Schiffen zu sehen. Zur Abwehr von Angriffen vor Erreichen des Zieles war dieser Brander mit Kanonen bestückt

Fall eines Brandereinsatzes hat sich während der 17monatigen Blockade von Venedig 1848/49 ereignet, wo sich die Aufständischen ihrer gegen die österreichische Flotte bedienten.

Aus der heutigen Sicht gesehen scheint die Wirkung von Brandern hauptsächlich moralischer Natur gewesen zu sein. Um den Schrecken zu begreifen, den ihr Einsatz in der Regel auslöste, muß man sich vor Augen halten, daß hölzerne Segelschiffe, vor allem nach längeren Schönwetterperioden und in den Tropen, außerordentlich feuergefährdet und infolge der mitgeführten großen Pulvervorräte auch sehr explosiv waren. Immerhin betrug der Pulvervorrat eines Segellinienschiffs von 80 Kanonen 25 t und bei einem 120-Kanonen-Dreidecker bis zu 35 t. Selbst Fregatten hatten zwischen 12 und 15 t Schießpulver an Bord. Frag-

los hätte durch eine besonnene Bekämpfung der Brander in vielen Fällen ihr erfolgreicher Einsatz vereitelt werden können. Im 17. und 18. Jahrhundert löste aber der Anblick der heransegelnden, in prasselnde Flammengarben und zischende Stichflammen gehüllten «Brenner» mitunter so großes Entsetzen unter den Schiffsbesatzungen der Gegenseite aus, daß eine Panik unter ihnen ausbrach und selbst kampfstarke und voll manövrierfähige Linienschiffe in Stich gelassen und der Vernichtung preisgegeben wurden, obwohl eine Abwehr möglich gewesen wäre.

Die Verwendung der Brander ging im 18. Jahrhundert stark zurück, als die Feuergeschwindigkeit und Zerstörungswirkung der Schiffsartillerie zunahm und die Vernichtung angreifender Brander vor Erreichen ihres Zieles möglich geworden war.

DIE BESATZUNGEN UND IHRE LEBENSBEDINGUNGEN

Wie die Mannschaften der stehenden Heere an Land bestanden auch die Schiffsbesatzungen jener Zeit überwiegend aus Söldnern, und obwohl sich das Zusammenleben an Bord naturgemäß sehr eng gestaltete, lagen auch hier zwischen den Offizieren und den Matrosen ganze Welten.

Das Offizierskorps rekrutierte sich in den feudalabsolutistischen Staaten zumeist aus Adligen verschiedener Reichtumsschichten, in den bürgerlichen Republiken überwiegend aus Offizieren der Handelsflotte, aus Reedern und Kaufleuten. Die Schiffsoffiziere bewohnten die geräumigen Aufbauten des Achterschiffs und waren schon allein durch ihre vergleichsweise hellen und luftigen Unterkünfte über dem Hauptdeck dem Schiffsvolk gegenüber bevorzugt, das zusammengepfercht unterhalb des Hauptdecks in den dunklen und muffigen Batteriedecks hausen mußte. Den eigentlichen Lebensbereich der Matrosen bildeten die Batteriedecks, von denen das untere auch noch häufig feucht war. Zwischen den mächtigen, bis zu 3 m langen Kanonen wurde exerziert, wurden die Mahlzeiten eingenommen und wurde auch geschlafen. Solange der Gebrauch von Hängematten noch nicht allgemein üblich war (sie kamen erst im 17. Jahrhundert allmäh-

lich in Anwendung), standen als Schlafplätze nur die Planken neben den Geschützen zur Verfügung. Da jeweils 250 bis 350 Mann auf jedes Batteriedeck entfielen, wurde eine Breite von 0,25 bis 0,35 m für jeden Schlafplatz festgelegt.

Gewöhnlich hielten es die Offiziere für unter ihrer Würde, sich um die überwiegend aus den ärmsten Schichten der Land- und Stadtbevölkerung kommenden Matrosen zu kümmern. Dies besorgten um so mehr und nachhaltiger die verschiedensten Unteroffiziersdienstgrade, Kadetten und Fähnriche, die nicht nur für die Befehlsübermittlung und Befehlsausführung verantwortlich waren, sondern auch dafür einstanden, daß die Matrosen den Offizieren nicht zu nahe kamen.

Die gesamte Ausbildung des Marinepersonals fand zur Zeit der Segelkriegsschiffe an Bord statt. Sie war hart und dauerte üblicherweise vom ersten Morgengrauen bis zum Einbruch der Dunkelheit. Im Mittelpunkt stand ein gnadenloser Drill an den Geschützen und in der Takelage. Letztere hatte ja für das damalige Kriegsschiff eine ähnliche Funktion wie der Motor im modernen und mußte daher gefechtsmäßig beherrscht werden.

Das Geschützexerzieren in den engen, überfüllten Batteriedecks, in denen unterhalb der Decksbalken nur eine lichte Höhe von 1,60 bis 1,80 m war, galt auf den Segelkriegsschiffen als die schlimmste Dienstausübung.

Der strenge Dienst, zwischen Sonnenauf- und -untergang bis zur Erschöpfung betrieben, führte zu schweren Unfällen an den Kanonen und im Mastwerk der Schiffe.

Im allgemeinen bestand die Auffassung, daß ein vollausgebildeter Kriegsschiffsmatrose fünf bis acht Jahre zur See gefahren sein müsse, um seine volle Verwendbarkeit zu erreichen. Die Bordausbildung von Seekadetten, d. h. das systematische Heranziehen von Seeoffiziersnachwuchs, begann erst mit der Herausbildung der stehenden Flotten im 17. Jahrhundert.

Die englische Flotte besaß schon zu Beginn des 17. Jahrhunderts einen Stamm an Seeoffizieren. Dagegen wurde von anderen Flotten, so z. B. von der niederländischen, das Personal erst im Bedarfsfall angeworben. Das betraf auch die Kriegsschiffskommandanten, die ursprünglich Handelsschiffskapitäne waren und die nach abgeleistetem Kriegsdienst wieder zur Kauffahrteiflotte zurückkehrten. Die militärischen Qualitäten solcher Offiziere waren gewöhnlich begrenzt, und aus diesem Grunde ergaben sich auch für die Niederländer bei Seekriegen gegen die Engländer eine Reihe von Schwierigkeiten auf taktischem Gebiet.

Mit der Herausbildung der regulären Flotten in der zweiten Hälfte des 17. Jahrhunderts stiegen naturgemäß auch die militärischen Anforderungen an die Seeoffiziere, und fast alle Länder gingen zu einer systematischen Heranziehung und Ausbildung eines Seeoffizierskorps über.

Gegen Ende des 17. Jahrhunderts bestand der Schiffsstab auf einem der üblichen 70- bis 80-Kanonen-Linienschiffe, die meist eine Besatzungsstärke von 680 bis 750 Mann hatten, aus dem Kommandanten (Kapitän), drei Leutnants, einem Obersteuermann, einem Lotsen (oder Steuermann), je drei Steuermanns- und Bootsmannsmaaten, acht Fähnrichen, einem Zahlmeister und dem Schiffsarzt.

In einigen Ländern wurden auch die ein bis drei Marineinfanterieoffiziere hinzugezählt, die das an Bord ständig eingeschiffte Kontingent Seesoldaten oder Marineinfanteristen befehligten, sowie die für die Schiffsartillerie verantwortlichen Stückmeister und Feuerwerkermaaten.

Insgesamt gesehen war das Leben der Matrosen auf den in Gemälden und als Modellen so romantisch wirkenden Segelkriegsschiffen schwer; es war noch wesentlich härter als auf den Kauffahrteiseglern. Verschärfend wirkten sich die Überfüllung der Kriegsschiffe und die Schikanen durch despotische und oftmals auch sadistische Unteroffiziere und Offiziere aus. Man muß sich vor Augen halten, daß auf Linienschiffe zu Kriegszeiten 850 bis 1100 Mann gezwängt wurden und daß auch Fregatten eine Besatzungsstärke zwischen 350 und 600 Mann hatten, wobei natürlich die unterschiedlichen Schiffsgrößen und auch nationale Besonderheiten eine Rolle spielten.

Da einerseits der entbehrungsreiche, gefahrvolle Dienst auf den Segelkriegsschiffen weithin unpopulär und sogar gefürchtet war, andererseits aber durch Kriegsverluste und Krankheiten mitunter empfindlicher Personalmangel herrschte, bereitete die Rekrutierung der Besatzungen oftmals erhebliche Schwierigkeiten.

Wenn das allgemein übliche Werbesystem mit großzügigen Versprechungen, Handgeldzahlung und Alkoholmißbrauch nicht ausreichte, um die Besatzungen aufzufüllen, wurde die Zwangsmusterung der an der Küste lebenden, Fischfang oder Schiffahrt treibenden Männer angeordnet. Insbesondere in England, zeitweise aber auch in Frankreich wandte man die berüchtigten «Preßgangs» an. Sogenannte Preßpatrouillen durchkämmten in küstennahen Stadt- und Landgemeinden die Straßen, Gasthäuser, Märkte und Gefängnisse, mitunter sogar zu Nachtzeiten auch die Wohnhäuser ganzer Stadtviertel und griffen alle Männer, die äußerlich für den harten Kriegsschiffsdienst tauglich wirkten. Nach solchen Preßgangs soll es in manchen Gegenden Englands weder Landstreicher und Bettler noch Häftlinge mehr gegeben haben. So ist in historischen Quellen belegt, daß die Royal

Für die Arbeit in der Pulverkammer, einem höchst brisanten Ort im Achterschiff, galten strenge Regeln. Hier reicht der Feuerwerker die Pulverkartuschen aus Flanell dem Gehilfen, der sie dann durch den Sicherheitsvorhang, bestehend aus nassen Decken, an die Munitionsmannen – meist noch Kinder – weitergibt. Diese schieben die Kartuschen in zylindrische, mit einem Deckel verschließbare Messingblechdosen oder lederne Behälter und bringen sie darin zum genau bezeichneten Geschütz. In der Pulverkammer durfte nur barfuß oder in Filzpantoffeln gearbeitet werden, um Funkenbildung durch Reibungselektrizität und damit die Explosion des Pulvers zu vermeiden. Erhellt wird die Kammer durch eine Laterne, die aus Sicherheitsgründen im angrenzenden Raum hinter dicken Glasscheiben steht

Navy während der verschiedenen Seekriege des 17. und 18. Jahrhunderts bei solchen Aktionen zwischen 20 000 und 40 000 Mann gewaltsam zum Dienst in der Flotte zwang. Und selbst zur Zeit der Schlacht von Trafalgar (1805) war ein Drittel der britischen Kriegsschiffsmatrosen zwangsgemustert.

Die Verpflegung der Besatzungen auf den Segelkriegsschiffen des 17. und 18. Jahrhunderts war zwar von der Menge her ausreichend, aber dafür von einer überwiegend erbärmlichen Qualität. Beispielsweise bestand zwischen 1622 und 1825 (!) die durchschnittliche Wochenration für jeden Kriegsschiffmatrosen der Royal Navy aus 7 Pfund Schiffsbrot bzw. -zwieback, 7 Pfund eingepökeltem Rind- und Schweinefleisch bzw. Schinken, 7 Gallonen Dünnbier, 6 Unzen Butter, 12 Unzen Käse, 3 Pints Hafermehl, 2 Pints gedörrter Bohnen – aus Nahrungsmitteln also, die vor allem arm an Vitamin C waren. In anderen Flotten war die Kost annährend gleich zusammengesetzt.

Zeitgenössische Berichte besagen, daß das Salzfleisch nach einigen Monaten Fahrt das Aussehen von Mahagoniholz annahm, der Käse von langen rötlichen Würmern wimmelte und der Schiffszwieback voller weißlicher Maden steckte, die dann zu einem späteren Zeitpunkt von schwarzen Käfern abgelöst wurden.

Aus Zahlmeisteraufzeichnungen ist ersichtlich, daß schon nach dreimonatiger Fahrt der Verlust an Schiffszwieback durch Ungezieferfraß 20 % betragen hat. Unter ungünstigen Bedingungen, z. B. in den mittelamerikanischen Gewässern, sollen solche Einbußen bereits nach sechs Wochen eingetreten sein.

Besonders übel war es um die Aufbewahrung des Trinkwassers bestellt. Es wurde auch im 17. und 18. Jahrhundert noch ausschließlich in Holzfässern mitgeführt und war demzufolge, vor allem in warmen Meeren, nur sehr begrenzt halt- und genießbar. Wie aus Schilderungen hervorgeht, war das Wasser nach vier bis sechs Wochen Fahrt mit Kleinlebewesen durchsetzt, die nach ihrem Absterben die Flüssigkeit grünlich oder bräunlich färbten und in Fäulnis versetzten. Man versuchte vergeblich, dem Faulen des Wassers durch Kalk- und Kieselzusätze und Sandfiltration beizukommen. Eine wesentliche Verbesserung trat in der Wasserversorgung der Segelkriegsschiffe erst ein, als um 1815 eiserne Wassertanks eingeführt wurden und die Destillation von Trinkwasser aus Seewasser gebräuchlich wurde.

An Stelle von Wein und Dünnbier, die in der Verpflegung vieler Flotten zwar für alle Mann an Bord vorgesehen waren, aber überwiegend nur für die «Achtergäste» reserviert wurden, schenkte man den Matrosen täglich 0,20 bis 0,25 Liter Rum oder Weinbrand aus. Damit wurden die Männer buchstäblich zu Säufern erzogen. Als sich die negativen Auswirkungen dieses Alkoholmißbrauchs herauszustellen begannen, ging man Ende des 18. Jahrhunderts allgemein dazu über, das tägliche Alkoholquantum, mit der vier- bis fünffachen Menge Tee oder Wasser vermischt, teilweise auch mit Zucker und Zitrussaft versetzt, zu verabreichen. Dieser Brauch soll allerdings schon 1740 durch den englischen Admiral Vernon eingeführt worden sein.

Auf französischen und spanischen Schiffen wurde an Stelle des Bieres gewässerter Rotwein oder Apfelwein ausgegeben. Schlechte einseitige Verpflegung, fauliges Wasser, Alkoholmißbrauch, Mißhandlungen, ungenügende Wundversorgung bei Verletzungen, epidemische Krankheiten und das insgesamt niedrige Lebensniveau jener Zeit trugen zu einer hohen Sterblichkeit in den Segelkriegsflotten bei.

Waren durch Mißstände wie die schlechte Wasserversorgung erst einmal Krankheiten entstanden, sorgten die für heutige Begriffe unglaublichen hygienischen Verhältnisse für eine schnelle Verbreitung durch Ansteckung.

1780 verzeichnete beispielsweise die britische Admiralität eine mittlere Sterblichkeitsquote von 12 % jährlich.

Im 17. und 18. Jahrhundert, teilweise auch noch im 19. Jahrhundert, galten Typhus, Ruhr, Sepsis und Skorbut als die Geißeln der Segelkriegsflotten, und obwohl die Mannschaftsverluste in den zahlreichen Seekriegen jener Zeit mitunter sehr hoch waren, steht fest, daß an Skorbut und epidemischen Erkrankungen weit mehr Matrosen starben als in Kämpfen.

Der englische Admiral R. Hawkins, der anfangs des 17. Jahrhunderts vor allem an der amerikanischen Küste Krieg gegen Spanien führte, gab gegenüber einem zeitgenössischen Historiker einmal zu, daß er innerhalb von zwanzig Jahren Flottendienst auf seinen Schiffen über 10000 Mann durch Skorbut und andere Erkrankungen verloren habe.

Nach zuverlässigen Quellen gehörte es zur Regel, daß bei längeren Kreuzfahrten und Blockadeeinsätzen, vor allem in tropischen Gewässern, 30 bis 40 % der Mannschaft verstarben. Und auch auf Langstreckenfahrten ohne Kriegseinwirkungen traten für heutige Zeiten unbegreiflich hohe Verluste an Menschenleben ein.

So rechnete man zu Beginn des 18. Jahrhunderts bei einer zwei Jahre dauernden Fahrt von Europa nach Indien und zurück mit dem Tod oder der schweren Erkrankung der halben Besatzung. In Kriegszeiten galt unter den Kommandanten der Segelkriegsschiffe die Regel: Auf jeden im Kampf Gefallenen oder an seinen Wunden Verstorbenen entfallen drei bis fünf weitere Todesfälle durch Erkrankungen.

Für die Gültigkeit dieser grausamen Norm gibt es ausreichend Beispiele. So büßte die 1780 bis 1783 vor der Ostküste Amerikas operierende britische Flotte, zu der 40 Linienschiffe und Fregatten mit 21608 Mann gehörten, in diesem Zeitraum 1148 Mann bei Kampfhandlungen und 3500 Mann durch Krankheiten ein.

Eine Geschützbatterie in Unterdecksaufstellung auf einem Segelkriegsschiff der ersten deutschen Flotte

Hängematten über den Geschützen kennzeichnen das Batteriedeck zugleich als Unterkunftsraum für die Bedienungen

Aus der Zeit der Segelkriegsschiffe sind auch zahlreiche Fälle bekannt geworden, in denen Einzelschiffe und ganze Geschwader einem Kampf ausweichen mußten, weil ein großer Teil der Matrosen krank oder schon gestorben war, und zahlreiche Schiffe gingen verloren, weil nicht mehr genügend Männer an Bord waren, deren Kräfte ausreichten, die Segel zu bedienen.

Angesichts dieser Zustände betrachteten die meisten Seeoffiziere die Aufrechterhaltung einer eisernen Disziplin als Grundbedingung für das Verhindern von Auflehnung und Meuterei seitens der Besatzung.

Schon für ein geringfügiges Vergehen, wie häufiges und lautes Fluchen im Beisein eines Vorgesetzten, konnte der «Missetäter» auf offenem Deck in Fußeisen gelegt, ohne Verpflegung in ein Kabelgat gesperrt oder vor versammelter Mannschaft ausgepeitscht werden.

Überhaupt waren Auspeitschungen mit einem starken Tauende oder der berüchtigten «neunschwänzigen Katze» die häufigste und am vielfältigsten angewendete Art der Bestrafung auf Segelkriegsschiffen. Schwere Auspeitschungen bestanden beispielsweise aus einhundert und mehr Schlägen, einem Strafmaß,

Uniformen europäischer Marinen des 19. Jahrhunderts in einem Stahlstich aus dem Jahre 1871: I Deutsche Marine: *1 – Schiffsjunge; 2 – Matrose im Paradeanzug; 3 – Schiffsarzt; 4 – Matrose im Peajacket (Winterdienst-Uniform); 5 – Major des Seebataillons; 6 – Kapitän-Lieutenant (Gala-Uniform); 7 – Unterlieutenant; 8 – Contre-Admiral (Gala-Uniform); 9 – Lieutenant zur See (in Jacke); 10 – Offizier im Rock; 11 – Matrose in Arbeitsuniform; 12 – Deckoffizier; 13 – Cadet; 14 – Matrose in Gefechtsausrüstung; 15 – Matrose im Arbeitsanzug; 16 – Seesoldat.* II Französische Marine: *1 – Lieutenant Etat Major; 2 – Infanterie de marine (Offizier); 3 – Matelot (tenue de combat); 4 – Admiral; 5 – Enseigne (petite tenue de bord); 6 – Capitaine grande tenue; 7 – Enseigne (tenue de garde); 8 – Aspirant; 9 – Infanterie de marine; 10 – Infanterie de marine (petite tenue); 11 – Second maitre (tenue de bord); 12 – Mousse.* III Britische Marine: *1 – Matrosen im Peajacket (2x); 2 – Matrose im Arbeitsanzug; 3 – Marinesoldat; 4 – Corvetten-Kapitän; 5 – Matrosen im Dienstanzug (2x); 6 – Offizier im Paletot; 7 – Unterlieutenant; 8 – Kapitän zur See (Große Uniform); 9 – Cadet.* IV Holländische Marine: *1 – Cadet; 2 – Marine-Infanterie; 3 – Schipper; 4 – Lieutenant zur See; 5 – Admiral; 6 – Matrose; 7 – Schiffsjunge.* V Österreichische Marine: *1 – Matrosencorps; 2 – Gemeiner der Marine-Infanterie; 3 – Viceadmiral; 4 – Offizier; 5 – Flottillencorps*

das viele Männer nicht überlebten. Die Aufrechterhaltung der Disziplin an Bord durch ein brutales Strafregister war die in den Flotten der verschiedenen Länder gebräuchliche Praxis. Neben den Auspeitschungen waren das Kielholen und das Spießrutenlaufen allgemein üblich, weil man sich von ihnen eine stark abschreckende Wirkung erhoffte.

Das Kielholen wurde u. a. gegen Matrosen verhängt, die während des Dienstes schliefen oder ohne Ablösung ihren Posten verließen. Schwere Strafen wurden auch über jene Besatzungsmitglieder ausgesprochen, die im Dienst betrunken waren oder Krankheiten verbreiteten.

Wie sinnwidrig diese Strafen waren, wird augenscheinlich, wenn man die Wirkung der täglich ausgegebenen Alkoholmenge auf einen schlecht oder einseitig ernährten und vielleicht noch durch schwere Arbeit erschöpften Matrosen bedenkt, wenn man außerdem weiß, daß die Matrosen kaum Körperpflege kannten und Hygiene nicht nur als Wort so gut wie unbekannt war.

Üblicherweise hatte die Besatzung eines Segelkriegsschiffs zum Waschen ihrer Bekleidung und der Hängematten an einem Tag in der Woche Gelegenheit – bei günstigem Wetter versteht sich. Wie es an einem solchen Tag in den Batteriedecks zuging, wie unter diesen Bedingungen eine gründliche Selbstreinigung erfolgen sollte, bleibt der Phantasie überlassen. Seife soll es an Bord von englischen Segelkriegsschiffen erstmals 1796 gegeben haben.

Natürlich kannten die Schiffsoffiziere die Lebensbedingungen ihrer Besatzung. Es soll auch nicht verschwiegen werden, daß sich eine Reihe von ihnen gegen diese Zustände wandte und mit den ihnen zu Gebote stehenden Möglichkeiten Erleichterungen oder Verbesserungen herbeiführte. So ist belegt, daß sich die bekannten englischen Admirale Rodney und Collingwood ebensowenig wie die russischen Flottenführer Spiridow, Uschakow und Nachimow, um nur einige zu nennen, mit den verbreiteten Mißständen abfanden.

Es gab auch Kommandanten von humaner Gesinnung, die von sich aus den Fischfang und den Ankauf von Zwiebeln, Zitrusfrüchten, Sauerkraut, Wasserkresse und Löffelkraut organisierten, um den Gesundheitszustand ihrer Besatzung und damit die Kampfkraft ihres Schiffes zu erhalten.

Aber nur langsam brach sich die Erkenntnis Bahn, daß für den Kampfwert eines Kriegsschiffs in erster Linie die körperlichen und geistigen Kräfte der Matrosen sowie ihre moralische Qualität ausschlaggebend sind.

Selbst als es bereits Vorschriften für die Einschränkung von schweren Körperstrafen gab (u. a. Abschaffung der Prügelstrafe in der französischen Marine 1848, in Italien 1850 und in England erst 1866), über die Einhaltung von Verpflegungsnormen, über die Reinhaltung der Schiffe und Besatzungen, litten viele Besatzungen von Segelkriegsschiffen auf Grund der Willkür ihrer Vorgesetzten, ihrer Betrügereien und von Übergriffen aller denkbarer Arten weiterhin bitterste Not.

DIE ROHRARTILLERIE AUF SEGELKRIEGSSCHIFFEN

Die Wirksamkeit von Waffen war und ist vor allem abhängig vom jeweiligen Stand der Produktivkräfte. Den Feuerwaffen, einer Erfindung des ausgehenden Mittelalters, kommt eine herausragende Bedeutung zu, weil sie wie keine anderen Waffen zuvor die gesellschaftliche Entwicklung beeinflußt haben. Wer über Geschütze verfügen wollte, mußte Werkstätten und Geld besitzen. Diese Vorbedingungen konnten zu jener Zeit vornehmlich die Städte erfüllen, in denen Handwerk und Gewerbe zu Hause waren. Somit waren Feuerwaffen von Anfang an Waffen des Bürgertums und der auf die Städte gestützten Monarchien gegen den Feudaladel. Mit der Entwicklung des Bürgertums wurde das Geschütz zum einen mehr und mehr die entscheidende Waffe in kriegerischen Auseinandersetzungen, zum anderen hat die Produktion von Feuerwaffen wesentlich zur Förderung des Gewerbes beigetragen und damit eine «notwendige Vorbedingung der bürgerlichen Entwicklung» (Marx) geschaffen. In der Tat führte die gewerbliche Produktion, darunter die Herstellung von Feuerwaffen, zum steilen Anstieg der wirtschaftlichen, politischen und militärischen Macht vieler Städte. Je mehr Kanonen produziert wurden, um so größer wurde der Bedarf an

entsprechenden Metallen. Das hatte seine Auswirkungen auf die Entwicklung neuer Produktionsmethoden im Bergwerks- und Hüttenwesen, also auf die Metallgewinnung und -bearbeitung, wodurch wiederum die ökonomische Entwicklung und nicht zuletzt der Handel und so auch der Seehandel gefördert wurden. Doch dieser Seehandel war nicht frei von Risiken. Die dickbauchigen, schwer manövrierfähigen und dazu reich beladenen Handelsschiffe waren begehrte Objekte der Piraten in allen Weltmeeren. Pulvergeschütze an Bord boten den Händlern hier eine gewisse Chance, Leben, Ladung und Schiff zu retten. Auf Schiffen, die für kriegerische Zwecke eingesetzt werden sollten und die entsprechend hergerichtet und umgebaut worden waren, sah man die frühen Feuerwaffen dagegen zum Teil noch Anfang des 15. Jahrhunderts als ausgesprochen lästiges Beiwerk an. Geschütze bildeten zu den von geübten Soldaten eingesetzten Armbrüsten und Langbogen hinsichtlich der Wirksamkeit noch keine Alternative, so schnell man sie auch abfeuern mochte. Hinzu kam, daß die Pulvergeschütze an Bord von Schiffen, die ja sämtlich noch aus Holz gebaut waren, ein großes Risiko darstellten, weil die frühen Pulvermischungen dazu neigten, sich unerwartet selbst zu entzünden. Deshalb wurde Holzkohle vielfach erst im Bedarfsfall beigemengt. Häufige Rohrkrepierer – verursacht durch verklemmte, weil nicht passende Geschosse – trugen auch nicht gerade dazu bei, Vertrauen zu den Pulvergeschützen zu fassen. Schließlich war das Pulver hygroskopisch, d.h., es zog Wasser an, so daß es oftmals unbrauchbar war, wenn es gerade dringend benötigt wurde. Es gab also Gründe genug, die Einführung der Feuerwaffen an Bord für den Krieg auf See zu verzögern. Dagegen feierten zu jener Zeit mittelalterliche Wurf- und Schleudergeschütze auf See eine gewisse Renaissance.

Die ersten Pulvergeschütze auf See

Niemand weiß genau zu sagen, wer das Pulver erfunden hat und wann. Genauso unklar ist, zu welchem Zeitpunkt das erste Pulvergeschütz auf einem Seefahrzeug installiert und im Gefecht eingesetzt worden ist. Nachweisbar ist jedoch, daß Pulvergeschütze gegen Ende des 13. Jahrhunderts auf Galeeren des Mittelmeers gefahren worden sind. Doch obwohl auch diese Segel geführt haben, wollen wir uns hier nur auf die Bewaffnung von reinen Segelschiffen beschränken, und zwar auf jene, die einzig und allein für Kriegszwecke gebaut worden sind: auf die Segelkriegsschiffe.

Nimmt man die aus der 1545 gesunkenen «Mary Rose» geborgenen Geschütze als Beweis an, so bestanden die Rohre der ersten Segelkriegsschiffe größtenteils aus ringförmig aneinandergelegten und miteinander verlöteten schmiedeeisernen Stäben. Das so gebildete Rohr wurde von mehreren darüber heiß aufgezogenen Ringen zusammengehalten und verstärkt. Blei glich die Unebenheiten der inneren Flucht aus. Das Rohr wurde in einem langen, entsprechend der runden Form des Geschützrohrs ausgehöhlten vierkantigen Eichenbalken, der sogenannten Lade, gelagert oder, wie man damals sagte, geschäftet. Diese Lade ruhte schräg auf einem unverrückbar mit dem Deck verbundenen Holzrost oder auf der verstärkten Reeling. Den Rückstoß fing ein starker Balken, die sogenannte Beting hinter dem Rohrende auf. Als Geschosse verwendete man roh zugehauene Steinkugeln. Sie wurden mit Tauwerk so umwickelt, daß sich die unregelmäßig geformten Projektile dem Rohrinnern anpaßten. Danach setzte man sie von hinten in das Rohr ein und schob die Pulverkammer mit ihrem abgesetzten Vorderteil ebenfalls von hinten in das Rohr nach.

Das Pulver mußte für jeden Schuß abgewogen, in die Kammer geschüttet und darin festgestampft werden. Die Kammer wurde dann durch einen Holzpfropfen verschlossen. Die Kammer besaß ein offenes Zündloch, durch das der Büchsenmeister mit einem Pfriem einen Kanal in die Ladung bohrte, den er dann mit «scharfem», also sehr feinem, zerstoßenem und leicht entzündbarem Pulver füllte. Nach dem Befehl «Feuer!» hielt der Büchsenmeister oder Kommandeur des Geschützes das Loseisen – ein an der Spitze glühend gemachter Draht – in das Zündloch und zündete die Ladung. Das Schießpulver selbst bestand aus einer Mischung von Salpeter, Schwefel und Holzkohle, wobei der jeweilige Anteil dieser Substanzen lokal verschieden groß war. Je nach Zusammensetzung unterschied man verschiedene Pulversorten. In den zu Deutschland zählenden Gebieten gab es Büchsenkraut, Schlangenkraut, Haken- und Zündkraut, wobei die Bezeichnung «Kraut» daher rührte, daß zu jener Zeit Salpeter noch aus speziellen Kräutern destilliert wurde.

Auf Grund des umständlichen Schießens mit diesen ersten Pulvergeschützen war die Feuergeschwindigkeit entsprechend gering. In dem Bemühen, eine höhere Schußfolge zu erzielen, führte man u. a. bald Wechselkammern – also jeweils drei Kammern für eine Kanone – sowie große Doppel- und Mehrfachkanonen, die auf Drehscheiben mit den Enden gegeneinander montiert waren, ein. Neben Steinkugeln verließen bronzene Langgeschosse, besondere Brandgeschosse, aufklappbare Hohlkugeln mit Pulverfüllung, für die bereits Zeit- und Aufschlagzünder entwickelt worden waren, ja sogar Eisenstangen und Pfeilbündel die Geschützrohre.

Die ersten Pulvergeschütze an Bord von Segelkriegsschiffen rangierten von der Bedeutung her be-

Die Schiffe der Normannenflotte Wilhelm des Eroberers im 11. Jahrhundert waren keine Kriegs-, sondern eher Transportschiffe. Seetreffen wurden wie Landgefechte an Bord ausgetragen. Nach einem Stahlstich aus dem Jahre 1871

reits über der immer noch in der Bewaffnung geführten mechanisch funktionierenden Artillerie. Sie dienten vor allem der Vorbereitung des Kampfes Mann gegen Mann. An eine Vernichtung von Schiffen mittels Pulvergeschützen war nämlich zu jener Zeit, als noch steinerne Vollkugeln verwendet wurden, nicht zu denken, wenngleich das von ihnen zersplitterte Holz auf gegnerischen Schiffen erhebliche Menschenverluste verursacht hat. Die Holzschiffe konnten mehrere 100 Treffer aushalten, ohne zu sinken. So war die Vernichtung von feindlichen Besatzungen der Hauptbestandteil der damaligen Seekriegsdoktrin. Schiffe zu versenken war eine Aufgabe, die den Kriegsschiffen erst Anfang des 19. Jahrhunderts gestellt und, bezogen auf große Entfernungen, erst im 20. Jahrhundert erfüllt werden konnte.

Die Einführung der gegossenen Bronze- und Eisengeschützrohre an Bord

Von größter Bedeutung für das Entstehen der Segelkriegsschiffe war die Erfindung der Geschütz- bzw. Stückpforten um 1500 gewesen. Man schreibt diese Neuerung dem Schiffbaumeister Descharge aus Brest zu. Die Stückpforten gestatteten erstmals die Aufstellung von Geschützen in Reihen übereinander, anfangs auf besonderen Plattformen, später auf mehreren durchgehenden Decks, was man sich auf Handelsschiffen aus Platzgründen nicht leisten konnte.

Stückpforten waren Öffnungen oder Schießscharten, durch die die Geschütze herausragten. Sie konnten mit Klappen bzw. Luken, den sogenannten Pfortluken oder auch nur Pforten genannt, geschlossen werden. Diese bestanden aus kreuzweise übereinander genagelten Brettern und waren so an der Außenbordwand über den Stückpforten beweglich befestigt,

daß sie mit einer Pforttalje – das war eine besondere Anordnung von einem unserem Flaschenzug ähnlichen Block und Tauwerk – von unten nach oben geöffnet werden konnten. Mittels Tauen, die an der Unterseite der Pforte befestigt waren, wurde die Stückpforte wieder geschlossen.

Die Dimension der Stückpforte entsprach der jeweiligen Größe der Kanone. In späteren Jahren hat man den Stückpforten mehr Breite als Höhe gegeben. Die auf demselben Deck befindlichen Pforten an Steuerbord lagen denen an Backbord genau gegenüber. Dagegen waren die Pforten eines Decks entsprechend dem holländischen Vorbild auf britischen und französischen Schiffen nach kurzer Übergangsperiode so angeordnet, daß sie jeweils zwischen zwei Pforten des darüber bzw. darunter liegenden Decks ihren Platz hatten. Man spricht hier von einer schachbrettartigen Anlage der Stückpforten, die eine gleichmäßige Verteilung der Last der Kanonen auf das Schiffsgebäude gewährleistete. Man unterschied Seitenpforten (über die beiden Schiffsseiten verteilt), Hinter- oder Kreuzpforten (am Heck des Schiffes) und Jagdpforten (vorn in der Back angeordnet). Bei schlechtem Wetter wurden die Pforten geschlossen und die Spalten zwischen Pfortluken und Stückpforten mit fettgetränktem wollenem Tuch oder Fries abgedichtet.

Gegen Ende des 15. Jahrhunderts hatte sich die Metalltechnik so weit entwickelt, daß man dazu übergehen konnte, Rohre aus Bronze und Eisen zu gießen, die dann durch Bohrung ihre Seele, also den inneren Hohlraum der Geschützrohre, erhielten. Da sie aus einem Stück bestanden und daher das Bodenstück einen größeren Durchmesser als die Mündung besitzen konnte, verwendete man bei den nunmehrigen Vorderladern eine größere Pulvermenge und erreichte damit höhere Mündungsgeschwindigkeiten. Das wiederum gestattete einen wirkungsvolleren Fernkampf. Allerdings wiesen die Vorderlader eine geringere

Teilansicht eines französischen Breitseitschiffs mit Blick auf geöffnete Geschützpforten. Zeichnung nach einem zeitgenössischen französischen Kupferstich des 17. Jahrhunderts

Die Anordnung der Riemen auf Galeeren, den ersten reinen Kriegsschiffen, ließ keinen Platz für die Breitseitaufstellung von Geschützen. Da jedoch mit den Galeeren die Taktik des Bugangriffs verfolgt wurde (Rammsporn), konnte der Platz für Pulvergeschütze auch nur der Bug und – seltener – das Heck sein. Auf dem Stahlstich aus dem Jahre 1871 sind links eine venezianische Galeere des 16. Jahrhunderts, in der Mitte ein Kauffahrer des 14. Jahrhunderts und rechts eine genuesische Karacke aus dem Jahre 1549 dargestellt

Feuergeschwindigkeit als die Hinterlader auf. Dafür wurde nun auf das Loseisen weitgehend verzichtet. Hinter dem Zündloch war jetzt eine Pfanne angegossen, in die der Geschützführer etwas «langsames» Pulver streute, das dann mit einer glimmenden Lunte gezündet wurde. Die Lunte selbst bestand aus einer locker gedrehten Leine von altem Tauwerk oder auch von Flachs, die in einer Lauge von Asche, ungelöschtem Kalk und etwas Salpeter gekocht und danach, aufgedreht, in der Sonne getrocknet worden war.

Die alten schmiedeeisernen Steinkanonen verbannte man jedoch nicht von Bord. Sie ließen sich noch gut als «Decksfeger», bis zur Mündung mit Kieselsteinen oder Eisenschrott gefüllte Kartätschgeschütze, verwenden. Diese Waffe erwies sich als sehr wirkungsvoll gegen enternde Gegner.

Der Guß von Kanonen ermöglichte das Anbringen von zylindrischen Zapfen, den sogenannten Schildzapfen, auf beiden Seiten des Rohres, und zwar am

Mittelstück. Sie bildeten nun das Lager für das Rohr auf den hölzernen Bock- oder Räderlafetten. Dicke, über die Schildzapfen gebogene Eisenbänder, sogenannte Flappen, mit den Wänden der Lafette verbolzt, hielten das Rohr auf der Lafette fest.

Statt der Steinkugeln verwendete man jetzt hauptsächlich gegossene Eisenkugeln. Die Vorteile: größere Masse und damit höhere Durchschlagskraft, also Wirkungssteigerung ohne Kalibervergrößerung, größere Haltbarkeit, Massenproduktion.

Mit der Fähigkeit zum Kanonengießen war eine solche Vielfalt von langen und kurzen, «verstärkten» oder «geschwächten», d. h. dickwandigen oder dünnwandigen Rohren entstanden – je nachdem, ob man auf größere Pulverladung oder leichteres Geschütz Wert legte –, daß schließlich bestimmte Systeme bei der Fertigung vorgeschrieben werden mußten. Entsprechend diesen Systemen wurden die Geschütze nun in vier Geschlechter eingeteilt. Das waren in Deutschland Karthaunen (Cannons – großes Kaliber, mittlere Länge), Schlangen (Culverin – mittleres Kaliber, große Länge), Terassenbüchsen (Haubitzen) und Böller (Mörser). In jedem Geschlecht wurde das gebräuchlichste größte Kaliber als «ganze» Karthaune usw. bezeichnet, nach unten im einfachen Verhältnis des Kugelgewichts abgestuft, über das Normalka-

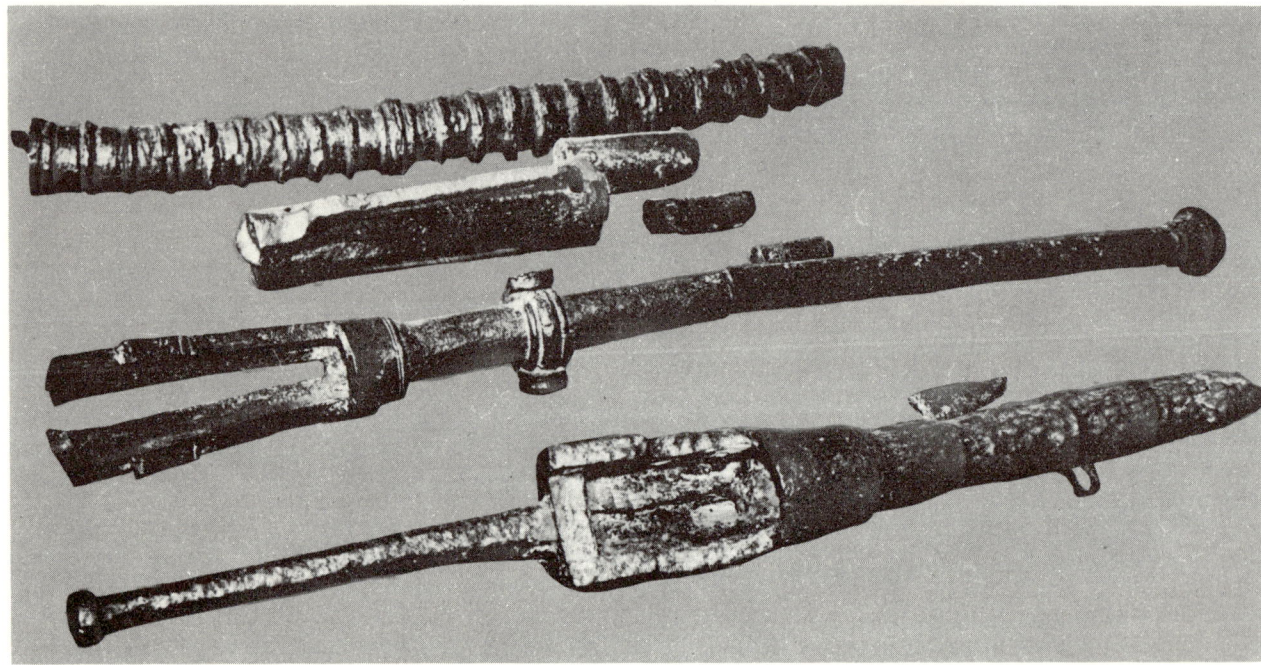

Ein aus der «Mary Rose», ein Schiff Heinrichs VIII., das 1545 auf der Reede von Spithead gesunken ist, 1836 geborgener schwerer schmiedeeiserner Hinterlader in hölzerner Bettung. Daneben eine weitere Kammer, in der sich das Pulver befand. Außer diesem Hinterlader sind auch noch Vorderlader aus dem Wrack geborgen worden

Diese schmiedeeisernen Hinterlader waren leichte, zum Teil auf der Reeling über einen Zapfen drehbar gelagerte Geschütze. Sie stammen aus dem 14. bzw. 15. Jahrhundert. Von oben nach unten: Steinbüchse; lose Kammern für die Pulverladungen; Peterara (eine Art Drehbasse) des 15. Jahrhunderts

liber hinausgehende «doppelt» genannt. Lediglich die leichtesten Geschütze führten weiterhin die Bezeichnung Falk bzw. Falcon, Falkonet bzw. Falconet, Serpentine, Robinet. So war ein entscheidender Schritt zur Standardisierung der Marinewaffentechnik getan worden, obwohl die Fertigung von Geschützen aus Konkurrenzgründen immer noch ein wohlgehütetes «Geheimnis» der jeweiligen Zunft blieb.

Die in zeitgenössischen Listen angegebenen Werte über Gewichte, Kaliber usw. sind allerdings keine tatsächlichen Werte, sondern nur als ungefähre Angaben zu betrachten, da jedes gegossene Geschütz eine Einzelanfertigung war, bestimmte Kaliber und Gewichte trotz Abweichungen automatisch jedem Geschütz der speziellen Gattung zugeschrieben wurden. Dabei muß man auch bedenken, daß die Maßeinheit Pfund z.B. in England, Frankreich und Holland verschieden war.

Die Batterien von Kriegs-, aber auch bewaffneten Handelsschiffen sahen im 16. Jahrhundert also immer noch bunt genug aus. Die verschiedensten Kaliber, bronzene und eiserne Vorder- und – wegen ihrer spezifischen Vorteile an Bord – vereinzelt auch noch anzutreffende Hinterlader, kurze, dicke Steinkanonen, schlanke Falkonette, weitreichende Culverine standen neben oder, besser, durcheinander in den Batteriedecks. Die erste oder unterste Batterie führte aus Stabilitätsgründen die schwersten Geschütze. Die zweite, also die nächsthöhere Batterie war mit etwas leichteren Kanonen besetzt; die dritte und damit oberste mit noch leichteren. Die Geschütze auf Back und Schanze waren die kleinsten. Die ganze Kanonenreihe auf der einen Seite des jeweiligen Decks hieß «halbe Batterie». Die unterste Batterie lag nur dicht über der Wasserlinie, so daß die Schiffe ständig Gefahr liefen, über die tiefen Stückpforten Wasser zu nehmen und zu kentern, wenn sie nicht rechtzeitig geschlossen worden waren. Bei schwerer See fielen diese Geschütze im Gefecht deshalb oftmals aus.

Auf die mechanisch wirkende Artillerie, wie Wurfmaschinen, hatte man nun völlig verzichtet. Pfeil und Bogen waren von den verbesserten, leichter und damit handlicher gewordenen Handfeuerwaffen – Musketen und Hakenbüchsen – verdrängt worden. Und nie-

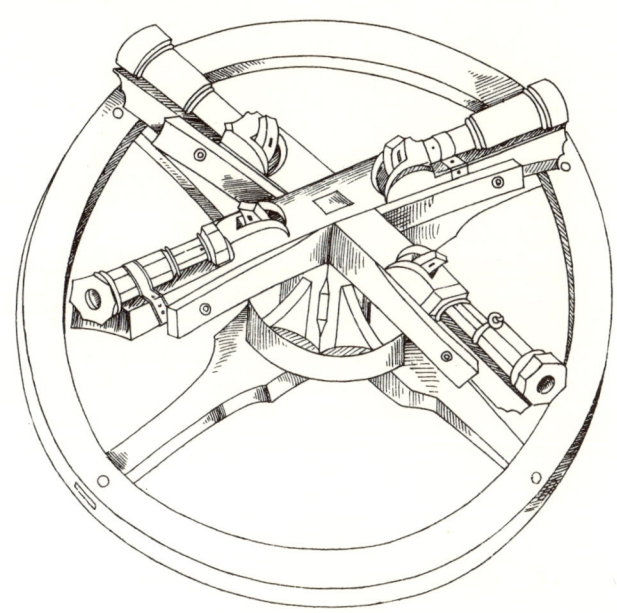

Mit der Anordnung von 4 Geschützen (Hinterlader) auf einer Drehscheibe sollte ein «Geschwindfeuer» ermöglicht werden. Zeitgenössische Zeichnung aus dem 15. Jahrhundert

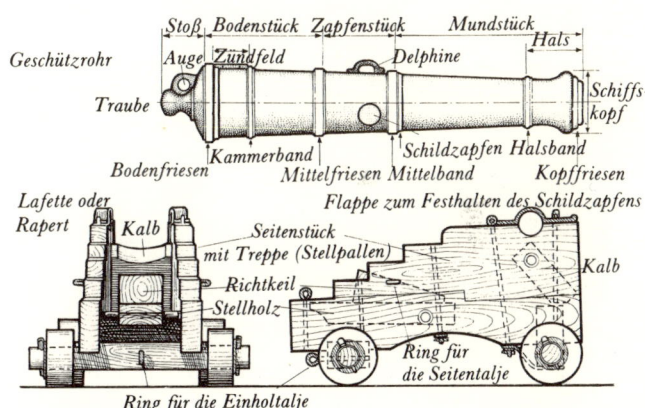

Schematische Darstellung einer Blockräderlafette und des Aufbaus einer Kanone des 17. und 18. Jahrhunderts

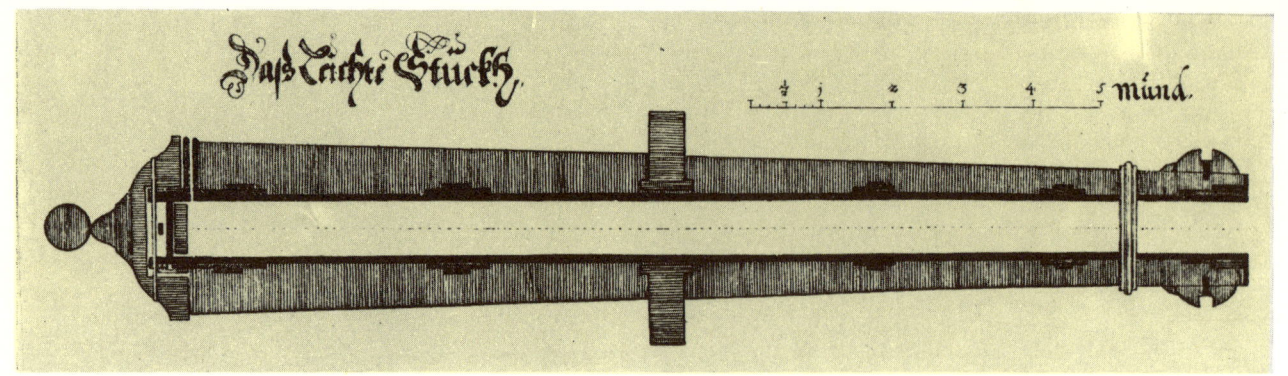

Schematische Geschützdarstellung nach Furttenbach aus dem Jahre 1635. Besonders deutlich sind die Schildzapfen herausgearbeitet worden

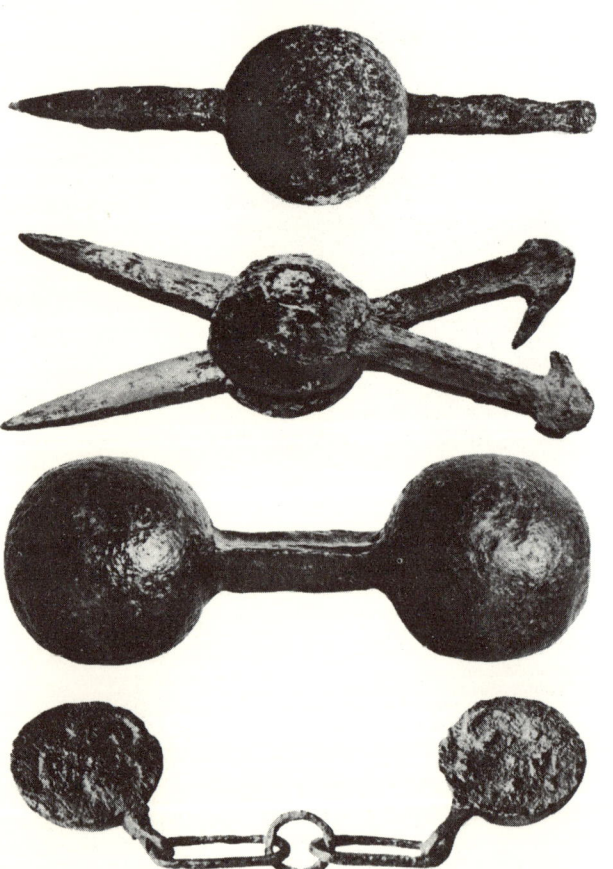

Spezialgeschosse aus dem 15. und 16. Jahrhundert zur Zerstörung von Takelage. Von oben nach unten: 4pfündiges Geschoß mit seitlich herausragenden Spitzen; 3pfündiges Geschoß mit Spitzen und Haken; 18pfündiges Stangengeschoß; 36pfündiges Kettengeschoß

mand mehr trug auf See die an der freien Bewegung hindernden Schutzwaffen, wie Helm, Harnisch und Schild, weil sie gegenüber den Projektilen der Feuerwaffen nutzlos waren.

Die große Zahl der Geschützarten blieb etwa ein Jahrhundert lang bestehen. Allerdings wurden die leichteren Kaliber besonders in der englischen Flotte immer mehr von den schweren, weiter reichenden verdrängt, um sich der immer zahlreicheren französischen Piraten auf Distanz erwehren zu können. Die dabei auftretenden Stabilitätsprobleme löste man, indem auf die bis dahin noch üblichen hohen Aufbauten im Achterschiff – bislang als letzte Zuflucht, gewissermaßen als Wehrburg nach dem Entern des Schiffes

Die hier im Bild dargestellte Szene aus der Schlacht von New Orleans zwischen Freischärlern der USA unter General Jackson und zweifach überlegenen britischen Truppen unter Sir Eduard Pakenham, die noch dazu von starken Flottenkräften unterstützt wurden, war Bestandteil des Kampfes beider Staaten um den Besitz Kanadas, der von 1812 bis 1814 währte. Es ist eine Ironie der Geschichte, daß beide an der Schlacht von New Orleans beteiligten Seiten einen Krieg fortsetzten, der drei Wochen zuvor, am 24. Dezember 1814, in Europa durch Vertrag beendet worden war. Die Nachricht darüber war nur zu spät über den «großen Teich» gelangt

Das Gemälde von C. Stanfield stellt eine der zentralen Nahkampfepisoden aus der Schlacht von Kap Trafalgar dar. Das britische Flaggschiff «Victory» hat beim Eindringen in die gegnerische Schlachtformation das französische Flaggschiff «Bucentaure» außer Gefecht gesetzt und bekämpft jetzt gemeinsam mit dem Dreidecker «Temeraire» das 74-Kanonen-Linienschiff «Redoutable». Zu diesem Zeitpunkt war Nelson von einem Scharfschützen im Kreuzmars der «Redoutable» bereits tödlich getroffen worden

Eine Abteilung englischer Fregatten kämpft sich, hart am Wind auf Backbordbug segelnd, durch stürmische See. Die Schiffe werden durch ihre Bauart und Takelung als solche des 18. Jahrhunderts ausgewiesen. Das Führen der großflächigen und unhandlichen Untersegel als Sturmsegel ist unterschiedlich: Auf der ganz links im Bild segelnden Fregatte ist nach dem Bergen des Segels die schwere Großrah gefiert worden, um das Schiff zu entlasten. In derartigen Abteilungen wurden Fregatten der Segelschiffszeit vor allem zur weiträumigen

Aufklärung, bei der Jagd nach gegnerischen Geleitzügen sowie bei Blockadeoperationen eingesetzt. Charles Brooking schuf mit dieser Darstellung der gegen die Naturgewalten kämpfenden Kriegsschiffe eines der besten Marinegemälde des 18. Jahrhunderts

Zu den Seiten 92/93
Die amerikanische Marine erhielt erst Linienschiffe, als die Entwicklung der Segelkriegsschiffe ihren Höhepunkt erreichte. Das größte von ihnen war die von 1822 bis 1837 für 700000 Dollar Baukosten fertiggestellte «Pennsylvania». Das in der Wasserlinie 67 m lange und 17 m breite Schiff war für eine Bestückung mit 150 Geschützen entworfen worden, führte aber gewöhnlich nur 120, davon 16 203-mm-Bombenkanonen. Die «Pennsylvania» diente als Flottenflaggschiff. Zusammen mit zahlreichen anderen großen Einheiten verbrannte sie während des Sezessionskrieges 1861 in Norfolk

Dieser Gemäldeausschnitt zeigt eine Episode aus der Schlacht bei Athos, in der Vizeadmiral Senjawin mit seinen Spitzenschiffen «Twerdy» und «Skory» in klassischer Weise die Spitze der gegnerischen Schlachtlinie zu umgehen versucht, um die Flaggschiffe des Gegners durch Kreuzfeuer außer Gefecht zu setzen. Die Windstille erschwerte das Manöver. Die «Twerdy» liegt gegenüber dem türkischen Linienschiff (links) in Enfilierstellung, d.h., sie kann mit ihren Kanonen die Decks des Türken in Längsrichtung bestreichen, was gewöhnlich zu schweren Mannschaftsverlusten führte. In Bildmitte (Hintergrund) eine abgedrängte türkische Fregatte

Eine stehende Parade, d.h. eine Parade vor Anker liegender Schiffe, zeigt A.P. Bogoljubow in diesem Bild. Es handelt sich um Einheiten der russischen Baltischen Flotte gegen Mitte des 19. Jahrhunderts. In der ersten Linie ankern divisions- oder geschwaderweise Zwei- und Dreidecker-Linienschiffe. Dahinter – gewissermaßen wie in der klassischen Schlachtaufstellung, in Feuerlee, also auf der dem gegnerischen Beschuß abgewandten Seite – ankern die leichten Schiffe (im Bild deutlich sichtbar eine 16-Kanonen-Kriegsbrigg). Zur Meldung an den die Parade abnehmenden Befehlshaber steuert ein Beiboot an den Raddampfer heran

Dieser Kupferstich aus dem
16. Jahrhundert zeigt 2 Breitseit-
schiffe im Gefecht. Die kurze Distanz, auf der hier die Kugeln –
und von Back und Schanz aus
auch noch die Pfeile – gewechselt
werden, ist nicht übertrieben dargestellt worden. Es gibt zeitgenössische Berichte, nach denen
Schiffe so eng aneinandergelegen
haben sollen, daß die Stückpforten
nicht mehr geöffnet werden konnten

Das Bild von F. Perro vermittelt den starken Eindruck, der von den großen Segelkriegsschiffen ausging. Es zeigt als Vertreter der letzten Generation den
110-Kanonen-Dreidecker «Imperator Alexander» der russischen Baltischen
Flotte. Das 1827 in St. Petersburg gebaute Linienschiff hatte eine Rumpflänge
von 60,7 m; seine Breite betrug 15,7 m. Charakteristisch ist die klare Linien-
führung des mächtigen Rumpfes, den im Gegensatz zu den Linienschiffen des
17. und 18. Jahrhunderts keine Aufbauten überragen. Verschwunden sind auch
die schweren und kostspieligen Heckverzierungen. Zum Bau eines solchen
Schiffes wurden bis zu 4000 Eichenstämme verarbeitet. Die Gesamtbaukosten
betrugen seinerzeit rund 2 Millionen Rubel

durch den Gegner gedacht – weitgehend verzichtet
wurde. In dem Bestreben, so viele schwere Geschütze
wie nur möglich an Bord zu führen, vollzog sich all-
mählich der Übergang vom Zweidecker zum Dreidek-
ker. Standen die schweren und leichten Geschütze des
«Henry Grace à Dieu» nach seinem Umbau noch in
einem Verhältnis von 1:5, so führte die 1637 fertiggestellte «Royal Sovereign» als Hauptartillerie bereits
Cannon, Demi-Cannon, Culverin, Demi-Culverin
und Sacer – insgesamt 86 schwere Geschütze bei einer
Gesamtarmierung von 104 Geschützen.

Das Ferngeschütz der damaligen Zeit war die Cul-

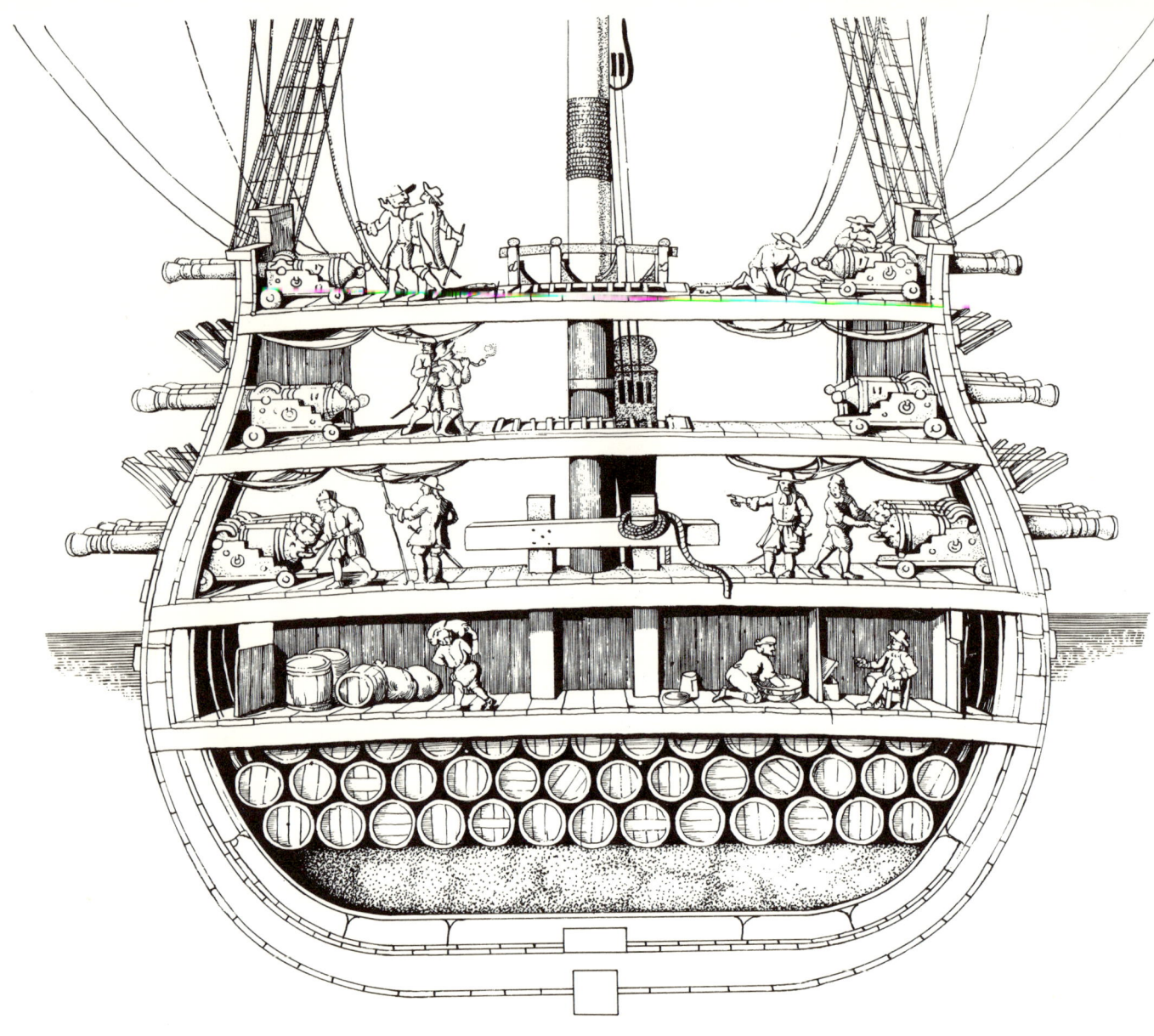

Darstellung der Batteriedecks eines Zweideckers im Querschnitt aus dem 18. Jahrhundert. Deutlich ist die Abnahme der Kanonengrößen von unten nach oben zu erkennen

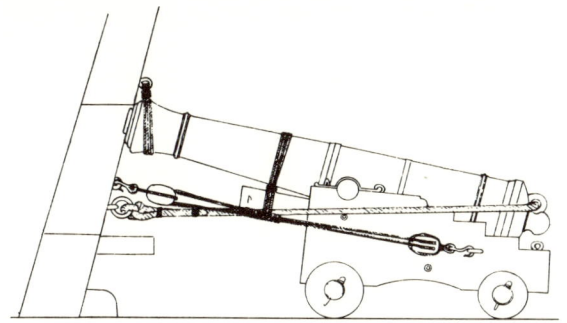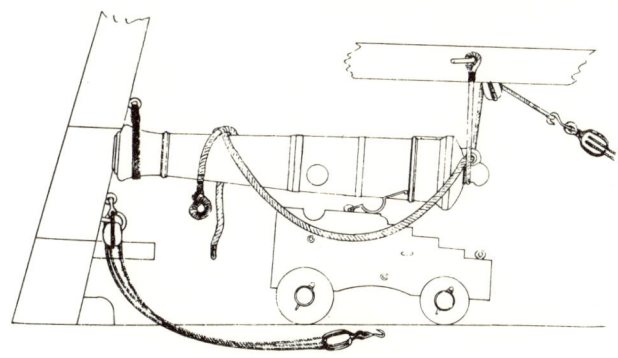

Diese Illustrationen aus einem Artilleriehandbuch des Jahres 1840 zeigen links ein seefest gezurrtes Geschütz, rechts ein demontiertes

verin – sie verschoß etwa 8 kg schwere Geschosse. Die Cannon-Typen waren dagegen auf einen Schußwechsel auf kurze Distanz mit schwerster Munition vorgesehen. Es wird angenommen, daß die Culverin eine

Kernschußweite von etwa 270 m und eine maximale Schußweite von 2,3 km erreicht hat, die Geschosse der Cannon jedoch nicht weiter als 130 m bzw. 1,5 km geflogen sind. Die Cannon-Petro war eine Nahkampfwaffe mit verhältnismäßig großem Kaliber. Sie verschoß vor allem immer noch leichtere Steinkugeln.

Geschützarten zur Zeit der Königin Elisabeth von England

Bezeichnung des Geschützes	Kaliber in mm	Gewicht des Rohres in englischen Pfund	Gewicht des Geschosses in englischen Pfund	Pulverladung in englischen Pfund
Cannon-Royal[1]	216	8000	66	30
Cannon	177	6000	60	27
Cannon-Serpentine[1]	175	5500	53,5	25
Bastard-Cannon	175	4500	41,5	20
Demi-Cannon	165	4000	33,5	18
Cannon-Petro	150	4000	24,5	14
Culverin	133	4500	17,5	12
Basilisk	125	4000	15,0	10
Demi-Culverin	108	3400	9,5	8
Bastard-Culverin	100	3000	7,0	6,25
Sacer	88	1400	5,5	5,33
Minion	82	1000	4,0	4
Falcon	63	660	3,0	3
Falconet	50	500	1,5	1,25
Serpentine	35	400	0,75	0,33
Robinet	25	300	0,5	0,5

[1] *Diese Geschützarten waren zwar in England gebräuchlich, jedoch fehlen Angaben über ihre Verwendung auf See.*

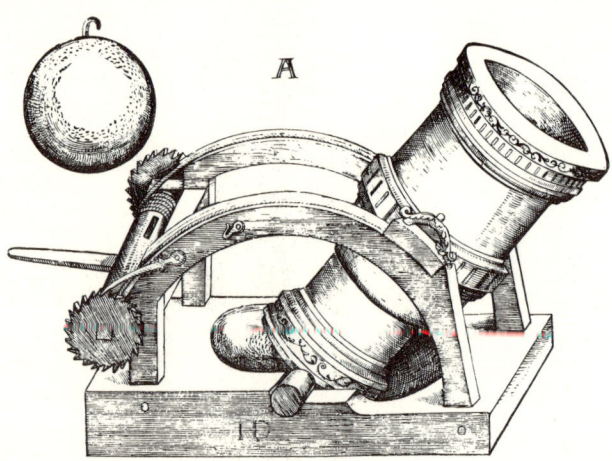

Zeichnerische Darstellung eines Mörsers mit Explosivgeschoß aus dem Jahre 1556

Mit der Möglichkeit des Gießens von Rohren und des Anbringens von Schildzapfen war das Rapert die gebräuchlichste Lafette auf Schiffen geworden. Die Marinelafette unterschied sich von der Form her völlig von der des Landheeres, obwohl noch keine speziellen Marinegeschütze entwickelt worden waren und auf spanischen und portugiesischen Kriegsschiffen noch häufig reine Feldgeschütze geführt wurden.

Neben Blocklafetten gab es bald Räderlafetten – zuerst mit nur zwei Rädern vorn (etwa ab 1520), später mit vier Rädern (etwa ab 1650). Letztere wurde die gebräuchlichste Lafette, als vom primitiven, aber schnellfeuernden Hinterlader zum Vorderlader übergegangen wurde.

An dem Aufbau der Räderlafette hat sich über Jahrhunderte – bis zum Ende der Cannon-Ära, Anfang des 19. Jahrhunderts – kaum etwas geändert. Lediglich ein Hauptmangel ist beseitigt worden: Da sich auf dem Bodenbrett zwischen beiden Wangen stets Feuchtigkeit ansammelte, hat man im 18. Jahrhundert eine Lafette konstruiert, deren Wangen mit durchgehenden Bolzen und ausgeklügelten Zapfenverbindungen an den Achsen direkt befestigt waren. Das Bodenstück wurde dadurch überflüssig.

Eine verhältnismäßig große Zahl von Taljen und Tauen, zum Teil über flaschenzugartige mehrscheibige Blöcke laufend, diente dem Einholen, Ausrennen oder Feststellen der Kanonen. Doch das war schon eine Weiterentwicklung. Ursprünglich mußte die Lafette samt schwerem Geschützrohr nur mit Muskelkraft bewegt werden.

In der Regel schoß man Kernschuß, also ohne Erhöhung, so daß die verlängerte Seelenachse genau auf das Ziel gerichtet war. Da seine Anwendung von der natürlichen Krümmung der Geschoßbahn beschränkt wurde, mußten Feuergefechte auf Nahdistanz ausgetragen werden. Als Kanonenschußweite galten im 16. Jahrhundert 120 m. Ein Zielen war nur bedingt möglich, und zwar unter Zuhilfenahme von Richtkeilen und Stellpallen. Sie ermöglichten ein Richten der Kanone in senkrechter Ebene, indem der Richtkeil unter den Stoß (bei Vorderladern der hinterste, gewöhnlich kugelförmige Teil) der Kanone geschoben bzw. herausgezogen wurde, nachdem deren Ende von zwei Leuten mit einer Brechstange, der sogenannten Handspake, etwas angehoben worden war. Bei all diesen Bemühungen, die Kanone auf das Ziel zu richten, blieb die allgemeine und wichtigste Zieleinrichtung jedoch – der Daumen.

Geschütze wurden bis zum 16. Jahrhundert in geheimen Zünften hergestellt. Wer Kanonen brauchte, mußte einen der Büchsenmeister in Dienst nehmen. Die Geschütze erhielten von den Zünften Namen, die meist denen von gefährlichen Raubtieren oder Greifvögeln entsprachen. Ein System in der Benennung gab es ebensowenig wie in der Konstruktion. Ein Unterschied zwischen Schiffs- und Landgeschützen wurde immer noch nicht gemacht. Die Büchsenmeister – Erfinder, Kanonenbauer, Feuerwerker und Schützen in einer Person – brachten an Bord, was ihnen geeignet erschien und für ihre Zunft am gewinnbringendsten war. Ein Geschütz repräsentierte immerhin den Wert von mehreren hundert Kühen.

Gegen Ende des 16. Jahrhunderts trat in personeller Hinsicht eine Arbeitsteilung ein. Fürsten oder Stadtverwaltungen besaßen nun die Artilleriehoheit und dazu eigene Gießereien, Pulvermühlen und Zeughäuser. Das Gildenwesen, die Zünfte, waren überlebt, weil ihre Produktion aus Konkurrenzgründen keine Vereinheitlichung der Geschütze und Lafetten zuließ. An ihrer Stelle entstand die Manufaktur.

Der Büchsenmeister nannte sich jetzt Arkolimeister und fungierte nur noch als technischer Berater und Artillerieinspekteur. Die Geschütze wurden von den Büchsenschützen und deren Knechten bedient. Ihr Vorgesetzter war der Konstabel – der Artillerieoffizier und Oberfeuerwerker in einer Person. Die seemännische Besatzung war zwar zur Hilfeleistung an den Kanonen verpflichtet (Munitionsmannen, Umsetzen von Kanonen), konnte jedoch die Geschütze selbst noch nicht bedienen.

Das charakteristische für das ausgehende 16. Jahrhundert war jedoch das Aufkommen des Breitseitenschiffs, dessen Aufgabe darin bestand, durch stundenlanges Feuer aus möglichst vielen Geschützen den Gegner – meist nur moralisch – sturmreif, also enterreif zu schießen. Schiffsvernichtend konnten die Geschütze mit ihren Vollkugeln nur in seltenen Fällen sein.

Die Schiffsartillerie im 17. Jahrhundert

In jenem Jahrhundert war das Bürgertum nicht zuletzt durch die Ausweitung des Mittelmeer- und Atlantikhandels ökonomisch weiter erstarkt. Gerade der Seehandel führte jedoch zu heftigen Konkurrenzkämpfen zwischen den führenden seefahrenden Mächten. Als Mittel zur Durchsetzung der ökonomischen wie politischen Interessen der Führungsschichten jener Zeit wurden die Flotten vergrößert, die Bewaffnung der Segelkriegsschiffe verbessert. Der höhere Bedarf an Geschützen wirkte sich wiederum auf die Produktionsmethoden aus. In Großbritannien und Frankreich hatte sich auch auf dem Gebiet der Kanonenfertigung der Manufakturkapitalismus bereits in größerem Maße herausgebildet. In Preußen entstanden zentrale Stückgießereien. Allerdings verloren die Gießer gegenüber den Militärs mehr und mehr an

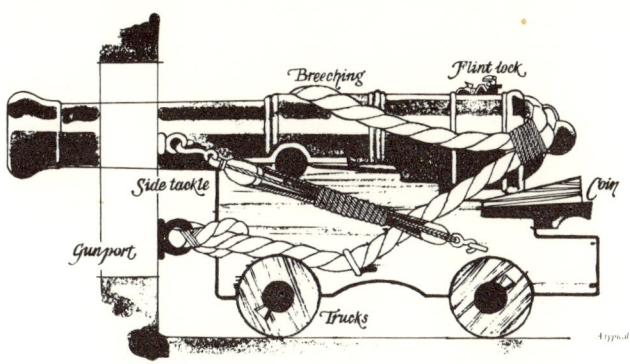

Diese Zeichnung aus einem englischen Artilleriehandbuch des 18. Jahrhunderts zeigt einen 32pfünder, der bereits mit einem Feuersteinschloß versehen war

Dieser zeitgenössische Kupferstich zeigt deutlich, wie stark das Brooktau sein mußte, um den Rücklauf der immerhin tonnenschweren Kanone auffangen zu können

Einfluß und Mitspracherecht bei der Konstruktion der Geschütze. Artillerieoffiziere überwachten die Auftragserteilung, die Konzeptionen und die Ausführung der Waffen. Zugleich ging man dazu über, Geschütze speziell für den Einsatz auf See zu konstruieren – ein Ausdruck dafür, welchen Rang der Seekrieg zu jener Zeit in den gesellschaftlichen und außenpolitischen Prozessen einnahm. Admirale und Schiffsführer wirkten persönlich an der konstruktiven Verbesserung der Geschütze mit.

Der schnellfeuernde Hinterlader war nun endgültig von Bord verbannt, da die Seekriegsdoktrin der einzelnen Staaten in Nordeuropa vor allem den Artilleriekampf, weniger den Kampf Mann gegen Mann nach dem Entern, vorsah. Hatte sich bald nach dem Aufkommen der Segelkriegsschiffe die weitreichende Culverine den ersten Platz in der Bewaffnung erobert, so benötigte man nun bei dem beabsichtigten Artilleriekampf von Breitseite gegen Breitseite schwere Geschütze mit größerer Durchschlagskraft, bei denen es weniger auf hohe Anfangsgeschwindigkeiten und damit Reichweiten der Geschosse als mehr auf erhöhte Splitterwirkung ankam. Da inzwischen Pulver mit stärkerer Treibkraft entwickelt worden war, das den Geschossen eine größere Zerstörungskraft gab und eine hohe Splitterwirkung auf dem gegnerischen Schiff verursachte, erhielten die Cannon-Typen auf den Schiffen den Vorzug, nachdem die Versuche mit verkürzten Culverinen nicht das erhoffte Ergebnis gebracht hatten.

Inzwischen waren auch weitere technische Fortschritte beim Geschützguß erzielt worden. Die ersten brauchbaren Eisengeschütze fanden Eingang in die Flotten. Das Pulver brauchte am Ladeort nicht mehr abgewogen zu werden, sondern wurde mit kalibergerechten Ladeschaufeln abgemessen.

Der Kommandeur des Geschützes denn jedes einzelne erhält einen solchen, steht mit Pulverhorn und Raumnadel versehen, hinter der Kanone und richtet; 1 Mann mit Wischer und Ansetzer rechts von der Mündung; 1 Mann links von der Mündung, um die Ladung und den Pfropf einzuschieben; 1 Mann, der die Kartusche reicht, 1 Mann mit der Lunte zum Abfeuern (in neueren Zeiten hat man zuweilen Schlösser an den Geschützen, welche an- und abgeschroben werden können; auch Zündhütchen oder eine Vorrichtung, durch welche eine Art Schwefelhölzchen mit schneller Reibung über das Zündloch hingezogen wird); 2 Mann mit Hebeln in der Nähe des Zündlochs, an jeder Seite einer, um die Kanonen rechts oder links zu bewegen, oder sie höher zu heben. Die übrigen, deren mehr oder weniger je nach der Größe des Geschützes da sind, werden gleichmäßig bei den Taljen vertheilt.

Nach «Allgemeines Nautisches Wörterbuch mit Facherklärungen» von Dr. Eduard Bobrik, erschienen 1848 in Leipzig.

Eine bahnbrechende Neuerung war die Einführung der Kartuschbeutel – aus Papier, Pergament, Leinwand und später aus Flanell zusammengenähte zylinderförmige Beutel, in denen sich das Pulver befand. Kartuschbeutel sollten ein Geschwindfeuer ermöglichen. Eine gefüllte Kartusche hatte gerade den Durchmesser der Kugel, wobei sie für jedes Kaliber natürlich verschieden war. Das Pulvergewicht entsprach dem dritten Teil des Gewichts der Kugel. Anfangs wurde das Pulver freilich noch aus den Beuteln lose in das Rohr geschüttet, mit dem Ansetzer festgestampft und durch eine Vorlage abgeschlossen. Die Kugel setzte man in das schräg nach oben gestellte Rohr ein, und dann rollte sie bei dem relativ großen Spielraum nach unten auf ihren Platz vor die Pulverladung, von der ein Teil auf Grund der Toleranz im Rohr über die Kugel hinweg verpuffte. Der Wirkungsgrad der Kanonen war also noch recht gering.

Nach dem Schuß mußte das Rohr von glühenden Rückständen befreit werden, und zwar mit einem Rohrwischer – ein mit einer federförmig gedrehten Spitze versehener Stab – und einem mit Essigwasser getränkten Schwamm, der das Geschützrohr gleichzeitig abkühlte. Auch das Außenrohr wurde entsprechend gekühlt. Ließ man bei dieser Tätigkeit nicht die erforderliche Sorgfalt walten, kam es zu folgenschweren Unfällen, wie der nachfolgende Bericht über ein Unglück an Bord der «Hediter» im Jahre 1599 zeigt: Als der Kanonier «seine Kartusche mit Pulver einrammte, war noch etwas Glut im Rohr vorhanden. Das Pulver fing Feuer und blies den Mann in einer Rauchwolke fort. Drei Tage später fand man die untere Hälfte seines Körpers zwei Meilen entfernt und seinen Kopf an einem anderen Ort auf.»

Auf gleichmäßige Kugelgewichte legte man auch im 17. Jahrhundert noch keinen Wert – Hauptsache, die Geschosse paßten in das Rohr und verklemmten sich nicht. Weit mehr achtete man auf die Ausgeglichenheit der Rohrlängen, auf ein gleich weites Herausragen über die Bordwand. Inzwischen waren auch die Rohre der Cannon-Typen noch verkürzt worden, so daß nun die leichten Geschütze die längsten Rohre hatten. Das führte schließlich dazu, daß man die Ka-

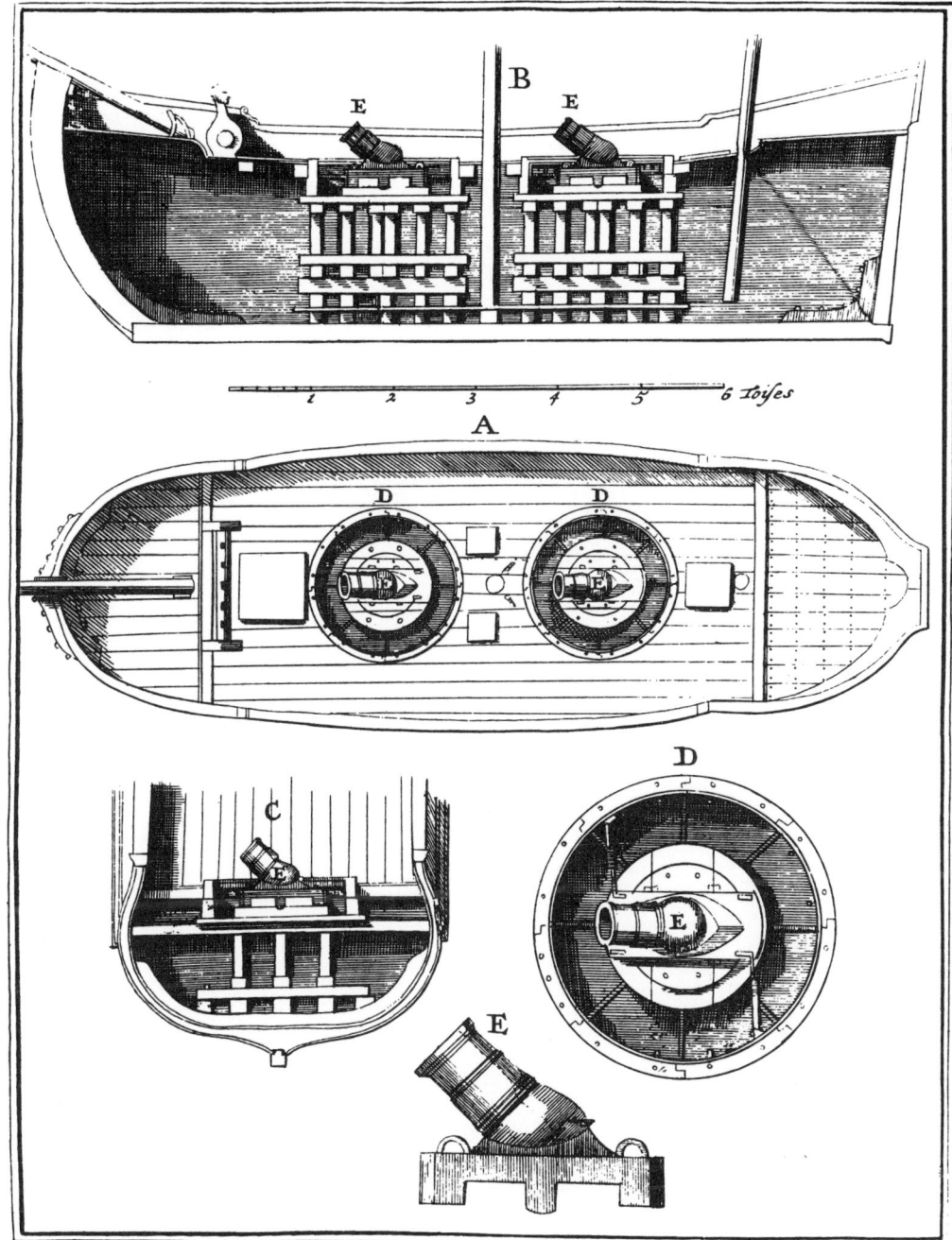

Diese 1741 veröffentlich-
te Zeichnung zeigt den
Rumpf einer Galeot, die
zu einer Bombenketch
umgebaut worden ist. Die
Stützkonstruktionen unter
den Mörsern machen
deutlich, welche Rück-
stoßkräfte aufgefangen
werden mußten

nonen mehr und mehr nach ihrem Kugelgewicht bezeichnete, wobei das Pfund als Maßeinheit national immer noch verschieden war. Da die Herstellung von Bronzegeschützen zu teuer wurde, setzte sich mehr und mehr die viermal billiger zu fertigende Eisenkanone durch, zumal sie auch genauer funktionierte. So nahm man in Kauf, daß Eisenkanonen leichter sprangen und bei Beschädigung Schrott wurden.

Die Zahl der Kanonen größeren Kalibers wuchs an Bord der Schiffe ständig an. Führte ein Linienschiff in der Mitte des 17. Jahrhunderts noch rund 50 Kanonen schweren Kalibers an Bord, so waren es gegen Ende jenes Jahrhunderts schon über 100. Kaliber unter 60 mm, später auch unter 90 mm, wurden in den Armierungslisten nicht mehr aufgeführt. Die Hauptarmierung war in ein oder zwei gedeckten Batterien sowie an Oberdeck aufgestellt, die Kleinartillerie zwischengeschaltet bzw. auf Aufbauten oder der Reeling untergebracht. Dabei wurde die Standardisierung nach dem Motto weitergeführt: gleiches Kaliber in der gleichen Batterie. Das erleichterte die Vorratshaltung und das Laden wesentlich. Die untersten Geschütze hatten das größte Kaliber und waren immer noch so tief aufgestellt, daß deren Pforten beim Schießen nach Lee oftmals geschlossen werden mußten, um ein Vollaufen des Schiffes zu vermeiden.

Die Geschütze wurden nun vom gesamten seemännischen Personal nach entsprechender Ausbildung bedient. Zwar gab es auch noch Geschützführer als Sonderpersonal, doch rekrutierten auch sie sich mehr und mehr aus Seeleuten. Um die 2 bis 3 t schweren Waffen bedienen zu können, bedurfte es stämmiger, kräftiger Menschen. Wie man damals sagte, mußten die Kanoniere «groß, stark und stumpfsinnig» sein.

Im Verlauf des 17. Jahrhunderts begann man an Bord beim Schießen zu zielen, und zwar über die höchste Stelle beim Bodenstück und beim Mündungswulst, wobei der Höhenunterschied zwischen beiden dem Rohr eine bestimmte Erhöhung gab. (An Land bediente man sich bereits des Visierlinienausgleichsstücks, auf das später eingegangen wird.) Die Kanonenschußweite hatte sich indessen kaum vergrößert – 300 m waren das Maximum. Um überhaupt eine Wirkung erzielen zu können, mußten die feindlichen Schiffe immer noch auf Nahdistanz die Kugeln wechseln. In der Viertageschlacht zwischen den Flotten de Ruyters und Monks im Jahre 1666 sollen sich die Schiffe so nahe gegenübergelegen haben, daß sich ihre Rahen vielfach berührten. Trotzdem waren während dieser Gefechte nur 4 von 17 untergegangenen englischen Schiffen der Artillerie zum Opfer gefallen. Dafür waren die Menschenverluste sehr hoch.

Durch verbesserte Ladeverfahren und vergrößerte Bedienungsmannschaft war die Feuergeschwindigkeit gewachsen. Doch zu große Eile beim Schießen führte wiederum zu Unfällen, da beispielsweise ein nicht völlig ausgeranntes Geschütz beim Abfeuern das eigene Schiff mit dem Mündungsfeuer in Brand setzen konnte, so geschehen auf dem Flaggschiff des dänischen Königs Christian IV. beim Salutschießen anläßlich einer Siegesfeier.

Zur Zerstörung der Takelage waren Kettenkugeln entwickelt worden, die aus zwei nebeneinanderstehenden Kanonen geschossen wurden. Diese Taktik, vor allem auf französischen Kriegsschiffen angewendet, soll jedoch wenig wirkungsvoll gewesen sein. In England legte man dagegen mehr Wert auf die Zerstörungskraft der Kugeln, die sich vor allem gegen die auf dem gegnerischen Schiff unter Deck zusammengedrängte Menschenmenge richtete. Die dabei erzielten «Erfolge» waren so hoch, daß diese Art des Angriffs zur Flottentaktik erhoben wurde. Trotzdem ließ die weiterhin sehr geringe Kanonenschußweite jede Seeschlacht immer noch im Schiffsgemenge enden.

Eine besondere Waffe gewann im 17. Jahrhundert, mehr aber noch im 18. Jahrhundert an Bedeutung: der Mörser, auf sogenannten Mörserbooten oder Bombenketschen installiert.

Der Mörser, ein sehr kurzrohriges Geschütz, verschoß seine Projektile nach ähnlichen Prinzipien wie die heutigen Granatwerfer, wobei der große Erhöhungswinkel allerdings gewöhnlich fest war. Die gewünschte Entfernung erreichte man mit der entsprechend größeren oder kleineren Ladung. Die Flugbahn der Geschosse war stark gekrümmt, der Fallwinkel steil.

Mörser auf einem Kriegsschoner im April 1862 während des amerikanischen Bürgerkriegs

Die Mörser der Bombenketches hatten Kaliber zwischen 250 und 330 mm. Die Geschosse dieser Vorderlader änderten sich vom 17. Jahrhundert bis zum Anfang des 19. Jahrhunderts im Prinzip kaum. Man unterschied massive Eisenkugeln (sie konnten in Kernschußweite 1,2 bis 1,5 m dickes Holz durchschlagen); Kettenkugeln und Stabgeschosse (zwei durch Bandeisen miteinander verbundene Halbkugeln, für die Zerstörung von Masten und Takelage entwickelt); Kartätschen und Schrappnells; hohle, mit Pulver gefüllte Eisenkugeln mit Zünder, die sich aber nicht bewährten; Brandgeschosse (bis zur Rotglut erhitzte Eisen-

kugeln oder Karkassen, letztere waren mit brennbarem Material ausgefüllte eiserne Gerippe). Wurden Mörser vor allem gegen Küstenbefestigungen, also Ziele hinter Deckungen, eingesetzt, so dienten die Pivotgeschütze – in Gabeln auf den Verschanzungen oder Pollern der Schiffe drehbar befestigte kleine Kanonen – fast ausschließlich zur Bekämpfung der gegnerischen Schiffsbesatzungen. Sie hatten ein Kaliber von etwa 37 mm und waren im 16. Jahrhundert noch Hinterlader mit separater Kammer für die Ladung gewesen, wurden aber im 17. und 18. Jahrhundert durch Vorderlader ersetzt.

Gegen Ende des 17. Jahrhunderts hatten die Schiffe eine solche Feuerkraft erreicht, daß der Ausgang einer Schlacht nur vom Einsatz der Artillerie abhing.

Die Schiffsartillerie
im 18. Jahrhundert

In diesem von zahlreichen Kriegen erschütterten Jahrhundert gab es kaum nennenswerte Entwicklungen auf dem Gebiet der Schiffsartillerie. Zwar war Großbritannien durch die industrielle Revolution zur ersten Industriemacht der Welt emporgestiegen, doch offenbarte sich seine Waffenproduktion als der rückständigste Zweig seiner ansonsten für damalige Verhältnisse modernen Industrie. Für die glatten Vorderlader hielt man Präzisionsarbeit, wie sie auf bestimmten Gebieten nur Maschinen zu leisten vermögen, nur bedingt für erforderlich. Statt dessen dominierte bei der Kanonenproduktion immer noch die Handarbeit, woran sich bis zur französischen Revolution kaum etwas änderte. Dagegen war man in Deutschland und Frankreich bemüht, wissenschaftliche Erkenntnisse bei der Herstellung von Geschützen anzuwenden. So geriet Großbritannien immer mehr in eine artilleristische Unterlegenheit, die im Gegensatz zum Streben der britischen Bourgeoisie nach Beherrschung der Meere aus handelspolitischen Gründen und nach Eroberung neuer Kolonien stand. Nachdem der britischen Bourgeoisie in Napoleon Bonaparte ein ernst zu nehmender Gegner und Nebenbuhler auch in dieser Hinsicht entstanden war, bemühte man sich im Inselreich, die Entwicklung der Artillerie so schnell und gut wie nur möglich voranzutreiben. Das gelang auch bis zu einem gewissen Grade. Während die Mächte auf dem europäischen Kontinent in blutige Kriege mit den Heeren Napoleons verstrickt waren, nutzte die britische Bourgeoisie die Gelegenheit, ihr Kolonialreich zu erweitern. Diese Aktivitäten versuchte ihr größter Rivale, das bonapartistische Frankreich, unter Einsatz einer starken Flotte zu unterbinden. Da aber in Großbritannien die gewaltsame Eroberung von Märkten inzwischen zur staatspolitischen Maxime erhoben worden war, stand dort an vorderster Stelle, die Vorherrschaft auf See zu erringen, um so Voraussetzungen zu schaffen, die Ziele der einheimischen Bourgeoisie zu realisieren. Mit der Vernichtung

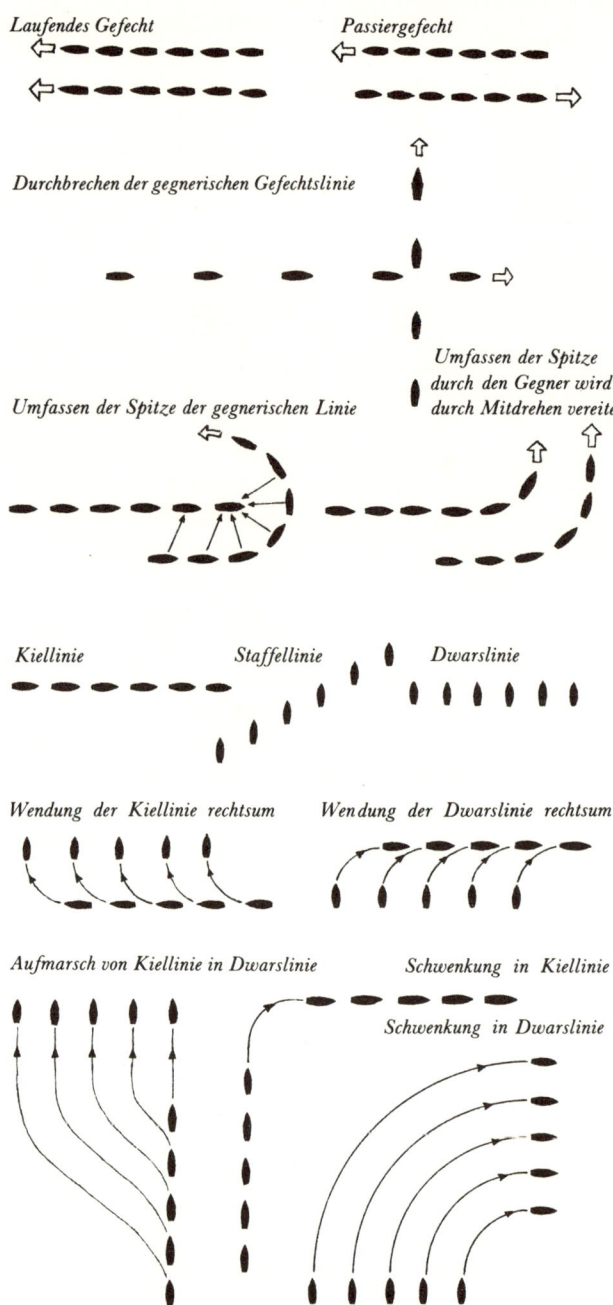

Laufendes Gefecht   *Passiergefecht*

Durchbrechen der gegnerischen Gefechtslinie

Umfassen der Spitze der gegnerischen Linie

Umfassen der Spitze durch den Gegner wird durch Mitdrehen vereitelt

Kiellinie   *Staffellinie*   *Dwarslinie*

Wendung der Kiellinie rechtsum   *Wendung der Dwarslinie rechtsum*

Aufmarsch von Kiellinie in Dwarslinie   *Schwenkung in Kiellinie*

Schwenkung in Dwarslinie

Verschiedene Gefechtsformationen und Flottenmanöver

von großen Teilen der französischen Flotte bei Abukir und Trafalgar konnte Großbritannien schließlich die Hegemonie auf See erringen. Waffen wurden weiterhin in großem Umfang benötigt – um die Vorherrschaft auf den Meeren zu behaupten, für neue koloniale Eroberungen sowie zur Niederhaltung von Befreiungsbewegungen in bereits bestehenden Kolonien. Zu ihrer Herstellung wurden nun Maschinen in größerem Umfang als bisher eingesetzt, darunter solche, mit denen die «Seele» der Rohre genauer gebohrt werden konnte, als das mit herkömmlichen Methoden möglich war. Zugleich trug man der Tendenz jener Zeit Rechnung, Geschützrohre mit stärkerer Bohrung und dünnerer Wandung zu versehen. Der Spielraum zwischen Geschoß und Rohr blieb freilich immer noch reichlich groß. Das Bestreben, größere Kaliber zum Tragen zu bringen, rührte von der auf Versuche begründeten Feststellung französischer Ballisten her, daß z.B. eine 24pfünder-Cannon bei einer Erhöhung von 5° mit einer Ladung von 3,6 kg 1,6 km, mit einer Ladung von 9,0 kg aber nur 2,50 m weiter schoß. Ferner wurde herausgefunden, daß bei gleicher Ladung das schwere Geschoß weiter flog. Auf die Weite kam es jedoch bei der Unsicherheit der Richtverfahren auf See nicht an. Vielmehr hielt man es in diesem Zusammenhang für einen Vorzug, daß die schweren Geschosse bei gleicher Mündungsgeschwindigkeit entsprechend größere Löcher in feste Körper, wie Schiffsrümpfe, rissen.

Überhaupt gingen Franzosen während dieser Zeit mit wissenschaftlichen Methoden an die Lösung verschiedener Probleme der Seekriegstechnik heran. Die Briten erwiesen sich jedoch als die besseren Praktiker, wobei sie allerdings nicht wenig von den Erkenntnissen der Franzosen profitierten. Gegen Ende des 18. Jahrhunderts hatten die Briten gegenüber allen anderen Nationen dank dem hohen Entwicklungsstand ihrer Produktivkräfte einen gewaltigen Vorsprung vor allem hinsichtlich der Schiffsartillerie erreicht. Die Genauigkeit ihrer Zeitzünder war ohne Beispiel, die Qualität des Schießpulvers einzigartig.

Einer der bemerkenswerten Fortschritte jener Zeit war auch die Einführung der Flanell-Kartusche, auf die schon hingewiesen wurde. Flanell verbrannte im Rohr vollständig, hinterließ keine glimmenden Rückstände und erübrigte somit das Auswischen, so daß die Feuergeschwindigkeit erhöht werden konnte. Auch der in Zinnröhrchen untergebrachte neuartige Zündsatz (besonders feines Pulver) an Stelle der bisher losen Pulververfüllung im Zündkanal trug zur Beschleunigung des Ladevorgangs und zur Erhöhung der Sicherheit bei.

Schließlich fiel um 1790 mit der allgemeinen Einführung von Stein und Zunder (das seit etwa 200 Jahren bereits bei Handfeuerwaffen verwendete Feuersteinschloß) die Zündung durch die Lunte weg, was zu einem schnelleren und damit zielsichereren Abschuß der Kanone führte.

Benannt wurden die Geschütze weiterhin nach dem Kugelgewicht – auf Grund des Schlackengehalts vom Eisen und der Blasenbildung beim Guß sowie der unterschiedlichen Größen der nationalen Pfunde immer noch ein sehr zweifelhaftes Maß. Die Stückpforten lagen allerdings nicht mehr so nah über dem Wasser und waren verbreitert worden. Die Lafetten ließen sich besser handhaben. Der Rücklauf der Kanonen wurde von speziell geformten Keilen bzw. von einem Brooktau, in das Stahlzugfedern zwischengeschaltet waren, weich aufgefangen. Aus- und Einrenntaljen sowie sogenannte Jollentaue ermöglichten die Seitenrichtung, so daß Handspake und Kuhfuß – eine oben spitz zulaufende, unten abgebogene und abgeflachte Eisenstange – dafür nur noch selten eingesetzt zu werden brauchten.

In der zweiten Hälfte des 18. Jahrhunderts ging man in England dazu über, an den Geschützen täglich und wöchentlich zu exerzieren, um in noch kürzeren Abständen und genauer feuern zu können. Allgemein wird erwähnt, daß unter Gefechtsbedingungen drei gerichtete Salven in fünf Minuten abgegeben wurden – ein Ergebnis des Drills an Bord. Die Bedienungen für die jeweiligen Geschütze waren dabei genau festgelegt: Ein 150-mm-Geschütz hatte 15, das 105-mm-Geschütz 6 Mann Bedienung. Bei der großen Zahl von Geschützen reichte die Besatzung jedoch nur für die Bedienung einer Seite.

Inzwischen war man auch dazu übergegangen, alle Teile der Kanonen und Lafetten nach einem bestimmten Modell zu fertigen, so daß leicht Ersatz aus den Arsenalen beschafft werden konnte.

Die Schiffe selbst wurden nach strengen Regeln bestückt, so daß die Kanonenzahl ohne weiteres die Kaliber und ihre Aufstellung ergab.

Als höchste brauchbare Kanonenschußweite galten 600 m, wobei die Tragweite der glatten Vorderlader rund 3 sm betrug. Daher wurden auch als Rechtsnormen für die Begrenzung der Hoheitsgewässer 3 sm festgelegt.

Die wichtigste Neuerung in der Schiffsbewaffnung des 18. Jahrhunderts war die Einführung der Karronaden in die britische Marine durch General Gascoine im Jahre 1779. Sie stammten aus den Eisenwerken Carron & Co. in Schottland, wo 1774 die erste Karronade gegossen worden war. Diese Geschütze hatten ein großes Kaliber und ein kurzes, dünnwandiges und damit leichtes Rohr, dessen Seele sich, wie bei Mörsern, nach vorn hin erweiterte. Die meisten waren von Anfang an bereits mit einem Feuersteinschloß versehen und hatten als erste Marinegeschütze ein angegossenes Visierlinienausgleichsstück – ein erhöhtes Metallstück auf dem Verstärkungsring in der Mitte des Rohres –, das das Zielen erleichterte bzw. erst ermöglichte. Von gleich großer Bedeutung für das Zielen war die ebenfalls bei diesen Geschützen anzutreffende Schraubenspindel, mit der der Karronade Höhenrichtung gegeben werden konnte.

Die Pulverladung war im Verhältnis zu anderen Geschützarten kleiner und demzufolge die Pulverkammer auch enger, das Kugelgewicht im Vergleich zur Cannon bei gleicher Rohrlänge größer.

Segelkriegsschiffe an der Wende zum 19. Jahrhundert. Die Abbildung oben zeigt links das französische Linienschiff «Invincible» von 1745 (74 Kanonen); rechts das spanische Linienschiff «Glorioso» etwa gleichen Alters (74 Kanonen); in der Mitte einen englischen Dreidecker von 1820 (120 Kanonen). Die Schiffe befinden sich in einem abgetakelten Zustand, wie es in längeren Friedensperioden üblich war. Der untere Stahlstich von 1871 zeigt Schiffe eines englischen Blockadegeschwaders vor Alexandria im Jahre 1801

Die aufeinander folgenden Kommandos sind folgende:

1. Stille!
2. Gebt Acht!
3. Macht die Stücke los!

Es werden alle Taue, mit denen die Kanone gegen den Bord befestigt ist, und auch die Seitentaljen losgemacht; das übrig bleibende Ende des Läufers der Seitentalje wird an beiden Seiten der Kanone aufgeschossen; so daß es klar läuft, wenn es durch die Taljen geholt wird.

4. Holt die Stücke ein!

Die Einholtaljen werden hinten an das Rapert gehaakt und ausgeschaakt, bis man die Ringbolzen in der Mitte des Schiffs mit dem andern Haaken erreichen kann. Wenn die Stücke eingeholt sind, macht man den Läufer fest, damit dieselben nicht wieder gegen den Bord laufen können.

5. Nehmt den Windpfropf ab!

Der Windpfropfen wird aus der Mündung der Kanone genommen und gewöhnlich ins Rapert gelegt.

6. Plattloth ab!

Diese Platte, welche das Plattloth heißt, wird schon beim dritten Kommando losgemacht, auf das jetzige Kommando aber aufgenommen, und etwas vor das Zündloch oder Zündgatt gelegt, damit dieses ganz frei ist.

7. Stopft das Zündgatt!

Dieses wird mit dem Daumen, aber auch mit einem kleinen Wergpfropfen zugestopft, damit alles Feuer, welches etwa noch nach einem eben abgefeuerten Schuße in der Kanone sein könnte, ausgelöscht wird, wenn der Wischer von vorne hereingebracht wird.

8. Kratzer in die Stücke!

Bei dem obigen Kommando, wenn der Schuß nicht herausgezogen, sondern abgefeuert worden, bringt man den Kratzer bis zum Boden der Kanone, dreht ihn zwei bis dreimal herum, und zieht ihn wieder heraus, um den etwa noch in der Kanone gebliebenen Kropf der Karduse herauszubringen, welcher zuweilen noch Feuer enthält, was die neue Ladung plötzlich entzünden kann.

9. Wischer in die Stücke!

Auf obiges Kommando wird der Wischer etliche Mal gegen den Boden der Kanone umgedreht.

10. Oeffnet die Karduse!

Auf obiges Kommando wird mit den Zähnen ein Stück Papier abgerissen, und dieses offene Ende zuerst in die Kanone gesteckt. Es muß aber das Abreißen dicht an der Mündung der Kanone geschehen, damit kein Pulver auf das Deck gestreut, und sogenanntes Lauffeuer gemacht wird.

11. Die Karduse in die Stücke!

Die Karduse wird in die Mündung gesteckt.

12. Setzt die Karduse an!

Auf das Kommando wird der Ansetzer in die Mündung gebracht, die Karduse mit demselben bis an den Boden der Kanone geschoben, und mit drei Stößen festgestampft.

13. Kugel und Pfropf in die Stücke!

Es wird erst die Kugel, dann der Pfropf in die Kammer gebracht. Die Pfropfen werden gewöhnlich von Werg, aber auch von Heu oder Papier gemacht, und auf die Kugel gesetzt.

14. Setzt an Kugel und Pfropf!

Diese werden mit einem Stoß angesetzt.

15. Den Bohrpfriem in die Zündgatten!

Der Bohrpfriem wird durch das Zündgatt in die Karduse gestochen, einmal herumgedreht, und dann wieder herausgezogen. Bei Tage streicht man denselben über die Hand, um an der Schwärzung zu sehen, ob die Karduse durchstochen worden. Bei Nacht, wenn keine Laterne in der Nähe ist, zieht man den Bohrpfriem durch den Mund, um das Pulver schmecken zu können, wenn es daran geblieben.

16. Kraut in die Zündgatten!

Kraut ist ein gewöhnlicher Schiffsausdruck für Schießpulver. Der Kommandeur des Stücks füllt aus dem Krauthorn das Zündgatt mit Pulver, indem er etwas hinter das Zündgatt aufstreut, und mit dem Krauthorn zerstößt.

17. Deckt die Zündgatten!

Das Plattloth wird auf das Zündgatt gelegt, so daß es dasselbe schließt.

18. Die Stücke zu Bord!

Die Kanonen werden vermittelst der Seitentaljen bis auf eine Hand breit Abstand an den Bord geholt. Ein Mann fiert dabei die Einholtalje, damit die Kanone wegen der Biegung des Decks nicht zu heftig gegen den Bord läuft.

19. Faßt den Kuhfuß und die Handspake!

Von den an beiden Seiten der Kanone dem Kommandeur am nächsten stehenden Leuten nimmt einer den Kuhfuß und der andere die Handspake, um auf den Befehl des Kommandeurs die Kanone vorne oder hinten zu backsen, d.h. ihr einen Ruck seitwärts zu geben; oder sie zu dompen, d.h. das Vordertheil derselben zu heben; oder sie hinten aufzulichten; damit er den Gegenstand, nach dem er zielt, vor das Visier bekommt.

20. Pointiert!

Der Kommandeur des Geschützes stellt sich hinter die Kanone, um die Höhe oder Tiefe des erzielten Gegenstandes vor das Seitenvisier zu bekommen. Die gut eingerichteten Kanonen haben nämlich an der Seite der Kopffriesen und der Bodenfriesen kleine längliche oder runde Absätzchen zum Zielen. Die mit Kuhfuß und Handspake versehenen Leute müssen die Kanone bald backsen, bald dompen, bald lichten, bis der Gegenstand vor dem Visier ist. Beim Schießen gegen ein feindliches Schiff wird gewöhnlich nach der Mitte seines Rumpfes gezielt; bei günstigen Gelegenheiten zielt man aber auch nach den Masten und Stengen, und zuweilen auch unten hin, um dem Feind Grundschüsse, d. h. unter dem Wasserspiegel treffende, zu geben. Im letztern Falle wird die Kanone hinten aufgelichtet, und der Kommandeur schiebt den Richtkeil so weit unter die Kanone, bis die Mündung vier bis fünf Fuß unter den Wasserspiegel des feindlichen Schiffes hinweist. Wird nach dem Hinter- oder Vordertheil desselben pointiert, so muß die Kanone seitwärts, nach vorne oder hinten gebackst werden.

21. Blaset die Lunte ab!

Schon beim vorhergehenden Kommando faßt einer die Lunte und bläst sie, sobald die Kanone gerichtet ist, ab; indem er den Rücken gegen die letztere, und das Gesicht gegen die Mitte des Schiffes wendet. Haben die Geschütze Schlösser, oder ist eine Art Zündhütchen angebracht, so fällt natürlich dieses Kommando fort.

22. Nehmt das Plattloth ab!

Das Plattloth wird aufgehoben, jedoch senkrecht in die Höhe, damit es nicht das Pulver vom Zündgatt abscharrt.

23. Feuer!

Der Kommandeur des Geschützes, oder wer sonst die Lunte hält, zündet damit das hinter dem Zündgatt liegende zerstoßene, und deshalb leichter Feuer fangende Pulver an. Es darf nämlich die Lunte nicht auf das Zündgatt selbst gehalten werden, weil es dadurch leicht unbrauchbar werden kann. Die Leute gehen bei diesem Kommando etwas auf die Seite, damit sie nicht von der zurückprellenden Kanone gestoßen werden.

Die hier auf einem Kupferstich von E. W. Cooke aus dem Jahre 1827 dargestellte 12pfünder-Karronade auf einer britischen Kriegsbrigg ruht noch auf einer Räderlafette, besitzt jedoch schon ein Visierlinienausgleichsstück, aber keine Richtschraube für die Höheneinstellung des Rohres. Schildzapfen fehlen. An der Bordwand hängen Ladeschaufel, Wischer und Ansetzer

Karronade in Oberdecksaufstellung. Sie ruht auf einem beweglichen Schlitten. Neben dem Geschütz der Eimer mit Kühlflüssigkeit. Die Richtschraube gestattet die Höhenrichtung. Oben ragen die in der Bordwand als Kugelfang verstauten Hängematten heraus

Auf Grund des niedrigen Gewichts benötigten die Karronaden nur eine Bedienungsmannschaft von 3 Mann, erzielten aber trotzdem eine dreimal höhere Feuergeschwindigkeit als gewöhnliche Kanonen: 3 Kanonenkugeln oder Traubenkartätschen je Minute. Die größeren Kaliber ruhten auf ebensolchen Raperten wie die Culverinen oder Cannons, wobei sie allerdings immer noch leichter zu bewegen waren. Die Lafetten der kleineren Karronaden waren dagegen recht einfach gehalten. Sie ruhten nicht auf Rädern, sondern auf einem Schlitten, der auf einer Rutschplanke stand und die Rücklaufbewegung vollführte. Der hintere Teil der Rutschplanke war auf Rollen gelagert, so daß zum Nehmen der Seitenrichtung ein Verschieben nach links und rechts möglich war.

Karronaden waren ausgesprochene Nahkampfwaffen. Ihre höchste Wirksamkeit erzielten sie in der Kernschußweite – das waren beim 68pfünder ungefähr 365 m und beim 12pfünder etwa 180 m, wobei der 32pfünder die gebräuchlichste Karronade darstellte. Wie wirkungsvoll diese neue Waffe war, soll folgendes Beispiel belegen: Im Jahre 1780 zerschmetterten die Geschosse einer einzigen Karronade, bedient von nur einem Mann und einem Schiffsjungen, das Deck der französischen Fregatte «Nymphe».

Ausschließlich mit Karronaden bestückte Kriegsschiffe erwiesen sich jedoch bald als wenig vorteilhaft, wenn das Überraschungsmoment nicht gegeben war. Einem mit weiter tragenden Geschützen ausgerüsteten gegnerischen Schiff waren sie fast hilflos ausgeliefert. Darum erhielten die englischen leichten Schiffe je ein langes Bug- und Heckgeschütz, ansonsten aber 12-, 18- und 14pfünder-Karronaden als Oberdeckgeschütze, vor allem auf den Aufbauten im Vorschiff – auf der Back – und dem erhöhten Oberdeck im hinteren Teil des Schiffes, dem Quarterdeck. Mit dieser Bestückung waren sie ihren Gegnern erheblich überle-

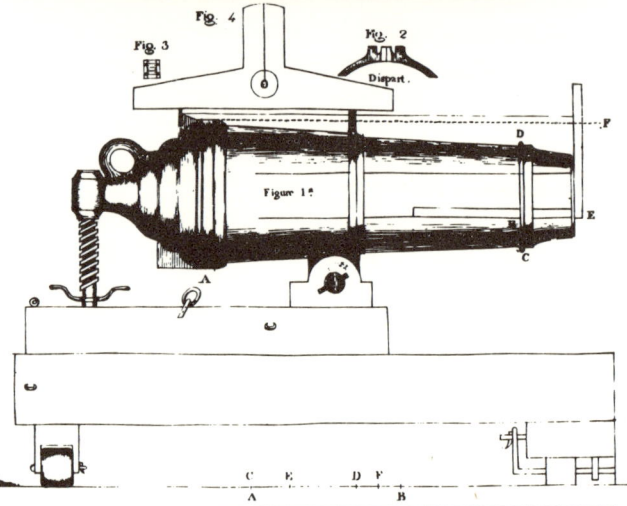

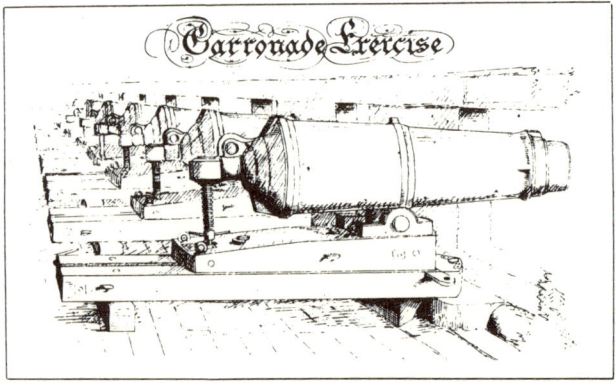

Auf dieser zeitgenössischen Zeichnung sind sehr deutlich der Schlitten, auf der die Karronade befestigt ist, die Spindel zur Höhenrichtung sowie die Räder zum Nehmen der Seitenrichtung dargestellt. Die Räder stehen gerade nicht auf dem Deck, weil das ganze Geschütz über Blöcke erhöht worden ist

Der als Figur 2 herausgehobene Teil auf dieser zeitgenössischen Zeichnung ist das Visierlinienausgleichsstück. Die Visierlinie steht parallel zur Seele der Kanone. Rollen unter der Lafette ermöglichten das Nehmen der Seitenrichtung

Diese Zeichnung aus einem zeitgenössischen Manuskript (18. Jahrhundert) zeigt eine Karronadenbatterie mit einheitlicher Lafettierung. Alle Geschütze sind mit dem angegossenen Visierlinienausgleichsstück versehen

gen. Auf Linienschiffen bildeten die größeren Karronaden lediglich eine zusätzliche Bewaffnung.

Nach 1785 führten auch Marinen anderer Nationen (Frankreich 1793), wenn auch in geringerem Umfang als Großbritannien, Karronaden an Bord ein.

Die Glattrohr-Schiffsartillerie im 19. Jahrhundert

Mitte des 19. Jahrhunderts beherrschte wieder einmal der von Marx und Engels als orientalische Frage bezeichnete Streit Rußlands, Großbritanniens und Frankreichs um die Vorherrschaft im Nahen Osten die politische Szenerie in Europa. Auf Kosten des zerbröckelnden und überlebten Osmanischen Reiches trachtete der Zarismus nach der Festigung seiner Positionen im Schwarzen Meer und auf dem Balkan. Großbritannien und Frankreich wiederum wollten Rußland aus politisch-ökonomischen Interessen aus diesem Raum verdrängen. Der Konflikt zwischen diesen europäischen Hauptmächten führte schließlich zum Krimkrieg.

Bis dahin hatte es eine Reihe waffentechnischer Fortschritte gegeben, die nun beschleunigt Eingang in die Flotten fanden. Zwar verschossen die Geschütze zu Anfang des 19. Jahrhunderts immer noch eiserne Vollkugeln, doch bildeten mit Blei gefüllte Hohlkugeln bereits eine Weiterentwicklung, weil sie auf Grund erhöhter Querschnittsbelastung ein höheres Durchschlagsvermögen besaßen und eine größere Weite erreichten. Auch die glühend gemachte Vollkugel war noch im Gebrauch. Einen Eindruck davon, welch Gemetzel allein die Vollkugeln anrichten konnten, soll der nachfolgende zeitgenössische Bericht des britischen Seemanns Samuel Leech von der Fregatte «Macedonia» vermitteln: «Es war wie ein entsetzliches Gewitter, dessen ohrenbetäubender Donner von unaufhörlichen Blitzen begleitet wird, von denen jeder den Tod bringt und den Boden mit Trümmern übersät. Die Szene wurde noch furchtbarer durch die Ströme von Blut, die sich über unser Deck ergossen. Ich

Eine Batterie mit Kanonen auf Feld- und Marinelafetten während des Krimkriegs. Kennzeichnend für diesen Krieg war der erfolgreiche Einsatz von Bombenkanonen bzw. Explosivgeschossen

Ein vom amerikanischen Rear Admiral Dahlgren entwickeltes 50pfünder «Einhorn», das Explosivgeschosse verschießen konnte. Das erste «Einhorn» ist 1756 von dem russischen Artillerist Martynow konstruiert worden

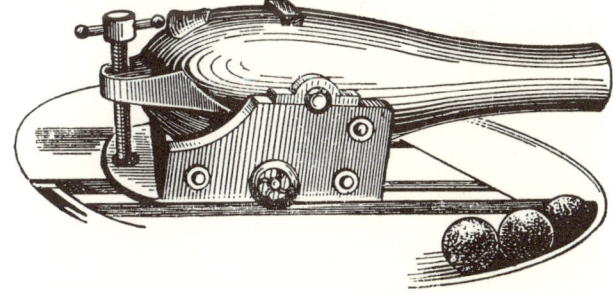

mannte Pulver, als ich plötzlich Blut aus dem Arm eines Mannes an unserem Geschütz spritzen sah. Ich sah nicht, was ihn getroffen hatte – nur die Wirkung. Der 4. Leutnant wand sein Tuch um den Arm und

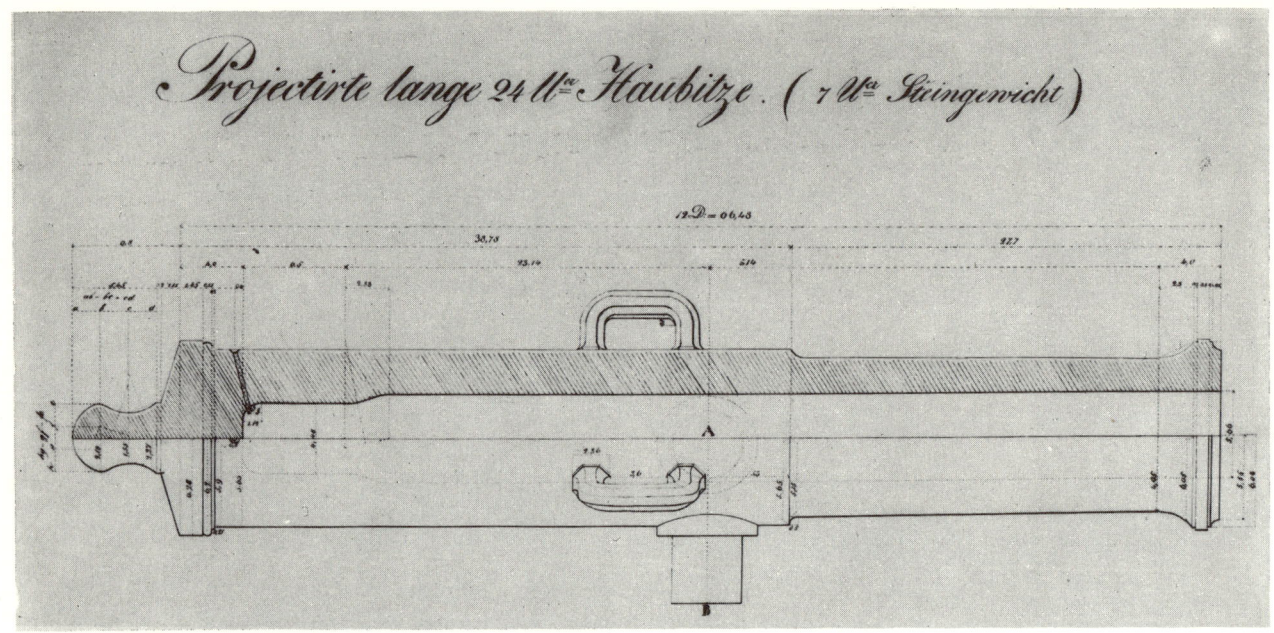

Projectirte lange 24 ℔ Haubitze. (7 ℔ Steingewicht)

Von einem Oberfeuerwerker selbst angefertigte Zeichnung für den Bau einer Haubitze für Bomben. Deutlich ist der Zündkanal zu sehen, der bis zur Kammer, die im Verhältnis zur Seele des Rohres enger ist, reicht

Diese jeweils in einer Hülse zusammengefaßten Geschosse, Pfropfen und Ladungen waren für 126-mm-Geschütze vorgesehen und stammen aus der Zeit des Krimkriegs. Eine Kugel wog rund 11 englische Pfund, die Hülse mit Pfropfen 8 Pfund und die Ladung 280 Gramm. Die vorn im Bild erkennbare Zündlochahle ist eine Weiterentwicklung des bis dahin verwendeten Zünddrahts

schickte den Mann hinab zum Doktor. Die Schreie der Verwundeten erfüllten nun alle Teile des Schiffes. Sie wurden so schnell, wie sie fielen, zum Verbandplatz gebracht, während die Glücklicheren, die gleich getötet wurden, außenbords geworfen wurden... Einem Mann namens Aldrich wurde von einer Kugel eine Hand abgerissen, und nahezu im gleichen Augenblick zerriß eine andere in schrecklicher Weise sein Gedärm. Zwei oder drei Mann fingen ihn mit ihren Armen auf, als er fiel, und da er nicht überleben konnte, warfen sie ihn über Bord... Der Chirurg und seine Maate waren von Kopf bis Fuß mit Blut bedeckt. Sie sahen eher wie Schlächter denn wie Ärzte aus.»

Raddampfer bildeten für die Hochseeflotten nur eine Episode, weil sie mit ihren Schaufelrädern sehr anfällig gegenüber Artillerietreffern waren. Mit Bombenkanonen auf Pivotrahmenlafetten bewaffnet, waren sie jedoch gegenüber vergleichbar großen Segelkriegsschiffen auf Grund der größeren Kaliber und Reichweiten ein gefürchteter Gegner. Im Bild links die «Cyclops» aus dem Jahre 1839 – erste britische Raddampffregatte –; rechts eine weitere Raddampffregatte. Nach einem Stahlstich aus dem Jahre 1871

Von links nach rechts: Ein 230-mm-Explosivgeschoß, eine Bombe, mit eingeschraubtem Zünder aus dem Jahre 1832. Jede Bombe wurde bis unmittelbar vor ihrem Einsatz in einem besonderen Behälter aufbewahrt und dann mit einem speziellen Ansetzer, der einen hohlen Kopf sowie ein Loch zur Aufnahme des aus der Bombe herausragenden Zünders besaß, in das Rohr eingeführt; 6pfündiges Kartätschgeschoß; 15pfündige Bombe; Zeitzünderröhrchen für die Bombe; 12pfündiges Explosivgranaten-Kartätschgeschoß

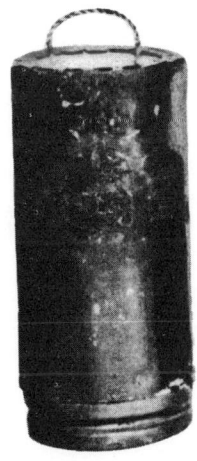

Diese zeitgenössische Lithographie verdeutlicht die Wirkung von Explosiv-granaten: Das dänische Linienschiff «Christian VIII» ist am 5.4.1849 vor Eckernförde von schleswig-holsteinischen Küstenbatterien so in Brand geschossen worden, daß alle Löschversuche scheiterten und das Schiff schließlich vom hochgehenden Pulver vernichtet wurde

Bombenkanonen und verbesserte Kanonen bewirkten, daß Schiffe zu ihrem Schutz gepanzert wurden. Im Gegenzug wurde die Artillerie weiterentwickelt. So begann der Wettlauf zwischen Panzerung und Artillerie. Der Stahlstich aus dem Jahre 1871 zeigt den Stapellauf einer preußisch-deutschen Panzerfregatte mit Schraubenantrieb sowie technische Details

Waren die herkömmlichen Waffen schon wirkungs-voll genug, um soviel Leid und Zerstörung anzurich-ten, so wurde noch in jenem Jahrhundert eine Kanone an Bord eingeführt, die weit schrecklichere Verhee-rungen anrichtete, die Bombenkanone, die vor allem im Krimkrieg zum ersten Mal in breitem Umfang ein-gesetzt wurde. Sie konnte die Explosivgeschosse in fast horizontalem Richten verschießen. Die Anregung da-zu hatte 1822 der Franzose Paixhans gegeben. Bereits Napoleon I. hatte eine schiffvernichtende Artillerie ge-fordert. Nun gab es sie. 1824 wurde nach Plänen von Paixhans eine solche Haubitze gegossen, die Explosiv-granaten im Flachschuß gegen Schiffswände verfeu-ern konnte. Es war eine glatte Kanone von 9 Kalibern Länge, 220 mm Seelenweite und einem sich auf 150 mm verengenden Ladungsraum. Das Explosivge-schoß, die Bombe, wog 27 kg und erzielte mit seiner 2,5-kg-Pulverladung eine für damalige Verhältnisse verheerende Spreng- und Brandwirkung. Deshalb be-eilte man sich in allen Flotten, Bombenkanonen einzu-führen – meist in zwei Kalibern, und zwar zwischen 200 und 280 mm. Die maximale Schußweite betrug anfangs 1200 m, zuletzt 2000 m. Gesprengt wurde über primitive Zeitzündung: Eine in die Kugel einge-

setzte hölzerne Brandröhre, deren Länge auf die Flugzeit berechnet war, entzündete sich durch die losgehende Geschützladung, oder sie wurde unmittelbar vor dem Abschuß in Brand gesetzt.

Die Bomben besaßen allerdings auch einige Nachteile: Ihre Reichweite war geringer als die der Vollkugeln, und ihre Flugbahnen wiesen größere Abweichungen auf, weil ihr Schwerpunkt meist nicht im Zentrum der Kugel lag. Deshalb besaß die Vollkugel immer noch eine wirksamere Reichweite als die Bombe und damit ihre weitere Existenzberechtigung. Es war also einem Schiff möglich, Granattreffern auszu-

weichen, indem es sich während des Gefechts zwar innerhalb der Reichweite der Vollkugeln, aber außerhalb der Granatenreichweite aufhielt. Der zweite wesentliche Nachteil bestand darin, daß die Flugzeit und damit die Länge des Zeitzünders nicht berechnet werden konnte, so daß die Bombe entweder während des Fluges in der Luft oder erst nach dem Durchschlagen der Bordwand im Innern des gegnerischen Schiffes detonierte, und war der Zünder zu lang bemessen, konnte er dort sogar gelöscht werden.

Es gab also keinen Grund, die konventionelle Artillerie völlig zu vernachlässigen. Sie wurde deshalb auch allgemein verbessert, der überflüssige Spielraum zwischen Geschoß und Rohr beseitigt und bessere, d.h. wirkungsvollere Pulvermischungen hergestellt, so daß sich die Treffähigkeit bedeutend erhöhte. Im Jahre 1830 begann man das Kaliber der gewöhnlichen Schiffskanone – zunächst durch Ausbohren – zu erhöhen. Ab 1838 wurden langrohrige 210-mm-Geschütze konstruiert, die außer Kugeln auch runde Explosivgranaten verschießen konnten.

Neben weiterentwickelten Kanonen bzw. Bombenkanonen sowie schweren Haubitzen wurden auch verstärkt Mörser in die Schiffsbewaffnung aufgenommen, die Bomben verschießen sollten. Diese Waffen waren vornehmlich zur Bekämpfung von Küstenbefestigungen und Küstenstädten (Sewastopol während des Krimkrieges) vorgesehen. Die wirksamste Reichweite betrug bei schweren· Mörsern etwa 3600 m (4000 Yards) und mehr. Auf eine solche Entfernung wurde die Festung Sweaborg während des Krimkriegs am 13. Juni 1854 von englisch-französischen Mörserbooten bombardiert.

Mit der Bombenkanone hatte das glatte Geschütz seinen Höhepunkt in bezug auf die Wirkung gegen Holzschiffe erreicht. Erst durch sie wurde die artilleristische Ausrüstung der Segelkriegsschiffe ausschlaggebend für die Entscheidung im Kampf, d.h. für das Vernichten eines feindlichen Schiffes. So wurde beispielsweise 1849 bei Eckernförde das dänische Linienschiff «Christian VIII.» durch Explosivgranaten so in Brand geschossen, daß es nach der Übergabe mit den Löschmannschaften beider Seiten in die Luft flog. Erinnert sei auch an den wirkungsvollen Einsatz dieser Geschosse besonders durch Rußland in dem Seegefecht bei Sinope und während des Krimkriegs von 1853 bis 1856.

Die Bombenkanone führte jedoch auch mit dazu, daß der Bau von Dampfschiffen nun verstärkt für Kriegszwecke vorangetrieben wurde. Die Entwicklung hatte bis dahin stagniert, weil die großen Schaufelräder so viel Platz beanspruchten, daß eine Bestückung mit einer großen Anzahl von weitreichenden Geschützen nicht in Frage kam und diese Schiffe damit

den waffenstarrenden Segelkriegsschiffen hoffnungslos unterlegen waren. Nun erhielten solche Dampffregatten Bombenkanonen mit einem Kaliber, wie es auf Segelkriegsschiffen vergleichbarer Größe aus Stabilitätsgründen nicht zu führen war. Die Geschütze ruhten außerdem auf eisernen Pivotrahmenlafetten, konnten auf Schienen (Rahmen) bewegt und um eine senkrechte Achse (Pivotbolzen) horizontal gedreht werden. So war ein Feuer in fast jede Richtung mit beinahe allen Geschützen möglich. Wie überlegen eine solche Dampffregatte gegenüber einer Segelfregatte war, ist daraus ersichtlich, daß ein Segler mit 40 Geschützen lediglich eine Breitseite mit 18 Geschützen abfeuern, eine Dampffregatte mit 20 Kanonen fast alle diese Waffen einsetzen konnte. Zudem besaßen sie ein schwereres Kaliber, hatten eine größere Reichweite und waren windunabhängig. Sie waren in der Lage, ein Segelschiff aus solchen Entfernungen wirksam mit schwerstem Feuer zu belegen, daß es von ihm kaum erwidert werden konnte.

Die gegen Ende des Krimkriegs eingesetzten eisengepanzerten schwimmenden Batterien vermochten jedoch den Geschützen jener Zeit zu widerstehen. Bald wurden auch Linienschiffe mit einem Eisenpanzer versehen. Doch inzwischen war wiederum die Artillerie weiterentwickelt worden. So begann der Wettlauf zwischen Panzerung und Artillerie. Geschütze mit gezogenem Lauf, auf die hier nicht näher eingegangen werden kann, an deren Entwicklung übrigens bereits Anfang des 18. Jahrhunderts gearbeitet worden war, und bessere Pulverzusammensetzung machten die Panzerung, sosehr man sie auch verstärkte, unwirksam. «Für jede Panzerstärke, die nach der Reihe angewandt wurde, fand sich ein neues, schweres Geschütz, das sie mit Leichtigkeit durchschlug», äußerte Friedrich Engels in seinem Anti-Dühring, und resümierend stellte er fest:

«Und so wenig ist der Wettkampf zwischen Panzerung und Geschützwirkung zum Abschluß gekommen, daß ein Schiff heutzutage fast regelmäßig schon nicht mehr den Ansprüchen genügt, schon veraltet ist, ehe es vom Stapel gelassen wird.»

DAS ENDE DER SEGELKRIEGSSCHIFFSÄRA

Die etwa 1760 einsetzende industrielle Revolution auf der Grundlage von Kohle und Eisen war untrennbar verbunden mit einer stürmischen Entwicklung der Produktivkräfte. Auch die weitere technische Entwicklung der Seekriegsflotten wurde davon entscheidend beeinflußt. Die allgemeine Einführung der Dampfmaschine als hauptsächlicher Schiffsantrieb und die Verwendung des Eisens als Bau- und Schutzmaterial von Kriegsschiffen vollzog sich zusammen mit einem qualitativen Sprung in der weiteren Entwicklung der Schiffsartillerie ab Mitte des 19. Jahrhunderts.

Die Ära der Segelkriegsschiffe ging aber vor allem durch die Dampfmaschine zu Ende, die imstande war, schon nach relativ kurzer Entwicklungszeit Kriegsschiffe von der Windabhängigkeit zu befreien. Eine neue Generation von Kampfschiffen entstand, die die Segler in den Abmessungen, in der Wasserverdrängung und Kampfkraft sowie in der Dauergeschwindigkeit um ein mehrfaches übertraf. Wie so oft, stieß aber auch das Neue in Form der Dampfmaschine auf den Widerstand des Alten und bereits Überholten, und dieser Widerstand hielt noch an, als bereits Handelsdampfer die Meere durchpflügten und den

Frachtseglern zur tödlichen Konkurrenz geworden waren.

Die ersten dampfgetriebenen Kriegsschiffe waren Seitenraddampfer, und deren Radkästen beanspruchten einen so erheblichen Teil der Schiffsbreitseiten, daß für die übliche Geschützaufstellung nur eingeschränkte Bereiche vor und hinter den Schaufelrädern übrigblieben. Das bedeutete vor allem für die Linienschiffe eine so wesentliche Verringerung ihrer Breitseitbestückung, daß diese Lösung für sie nicht annehmbar erschien. Hinzu kam an berechtigtem Bedenken gegen die Seitenräder ihre hohe Empfindlichkeit gegen Beschuß und ihr schädlicher Einfluß auf die See- und Segeleigenschaften der Schiffe. Aus diesem Grunde konzentrierte man sich beim Einbau von Dampfmaschinen zunächst nur auf Fregatten, Korvetten und Avisos, bei denen eine Beschränkung der Breitseitbestückung für noch vertretbar gehalten wurde.

Erst mit der Einführung der im Schiffsheck angeordneten Antriebsschraube, dem Propeller, an Stelle der seitlichen Schaufelräder vermochte die Dampfmaschine vollends ihre Überlegenheit über das Segel zu beweisen, schwand auch bei den hartnäckigsten Wi-

dersachern in den Admiralitäten das taktische Haupt-
bedenken gegen die Dampfkriegsschiffe. Dem jetzt in
die Augen fallenden taktischen Vorteil des Dampf-
schiffs gegenüber dem windabhängigen Segler mußten auch die letzten Widerstände weichen, die sich auf
die höheren Bau- und Betriebskosten sowie auf die
Abhängigkeit von der Kohlenversorgung stützten.

Viele Kriegsschiffe mit Dampfmaschine behielten
zwar noch eine Zeitlang eine vollwertige Rahbesege-
lung zum Zweck des Hilfs- und Zusatzantriebs auf
längeren Fahrten. Je weiter die technische Entwicklung der Antriebsanlagen aber fortschritt, ihre Lei-
stungsstärke und Zuverlässigkeit wuchsen, um so
mehr ging die Verwendung der Beseglung zurück. Zuerst wurden die Rahsegel weggelassen, und um 1880
verwendete man hauptsächlich noch Gaffel- und Stagsegel als unterstützende Fortbewegungsmittel. In der

*Um die in den großen Kriegen des 18. und 19. Jahrhunderts anfallenden
Kriegsgefangenen so billig und so sicher wie möglich unterbringen zu können,
benutzten die europäischen Seemächte einige ausgediente Linienschiffe als Ge-
fangenenhulks. Ausländische Seesoldaten und Matrosen mußten oftmals viele
Jahre unter unbeschreiblichen Lebensbedingungen auf diesen schwimmenden
Gefängnissen dahinvegetieren. Der Stich von E. W. Cooke zeigt einen solchen
Hulk um 1828 im Hafen von Portsmouth*

Übergangszeit vom Segelkriegsschiff zum Dampf-
kriegsschiff, deren wichtigster Abschnitt etwa zwischen den letzten Aufeinandertreffen der Segelflotten
(Sinope, 30. November 1853, und Navarino, 20. Oktober 1827) und der ersten Panzerschiffsschlacht (Lissa,
20. Juli 1866) einzuordnen ist, kam es zu keinen Ent-
scheidungskämpfen auf den Meeren. Im Krimkrieg
(1853–1856) und im nordamerikanischen Sezessions-
krieg (1861–1865) kämpften die beteiligten Flotten
hauptsächlich in Küstennähe und gegen Küstenob-

Veraltete, stark beschädigte oder auch als Hulk nicht mehr brauchbare Segelkriegsschiffe endeten meist durch Abbruch. Hier wird die «Queen», das letzte Dreidecker-Linienschiff Englands, abgewrackt. Das in der Wasserlinie 61 m lange und 18 m breite Schiff ist 1839 gebaut worden und war ursprünglich mit 110 Kanonen bestückt

jekte. Diese Kämpfe unterstrichen aber im allgemeinen die Zweckmäßigkeit der Dampfkriegsschiffe und bewiesen die völlige Perspektivlosigkeit des Segelkriegsschiffs.

Dem ersten Schraubenlinienschiff «Napoleon» des Franzosen Dupuy de Lôme von 1852, das bereits eine Geschwindigkeit von 13 sm/h allein mit Dampfantrieb erreichte, folgten in den nächsten zwei Jahrzehnten in den führenden Ländern ganze Flotten von Dampfkriegsschiffen, die mit der weiteren schnellen Entwicklung der Schiffsartillerie und dem Aufkommen des Torpedos den Segelkriegsschiffen das endgültige Ende bereiteten. Die letzten Linienschiffe, Fregatten und Korvetten der Segelschiffszeit dienten noch eine Zeitlang u. a. als Schul- und Ausbildungsschiffe, als Ziel- und Gefängnisschiffe sowie als Wohnhulks, bis auch sie endgültig aus den Listen gestrichen wurden.

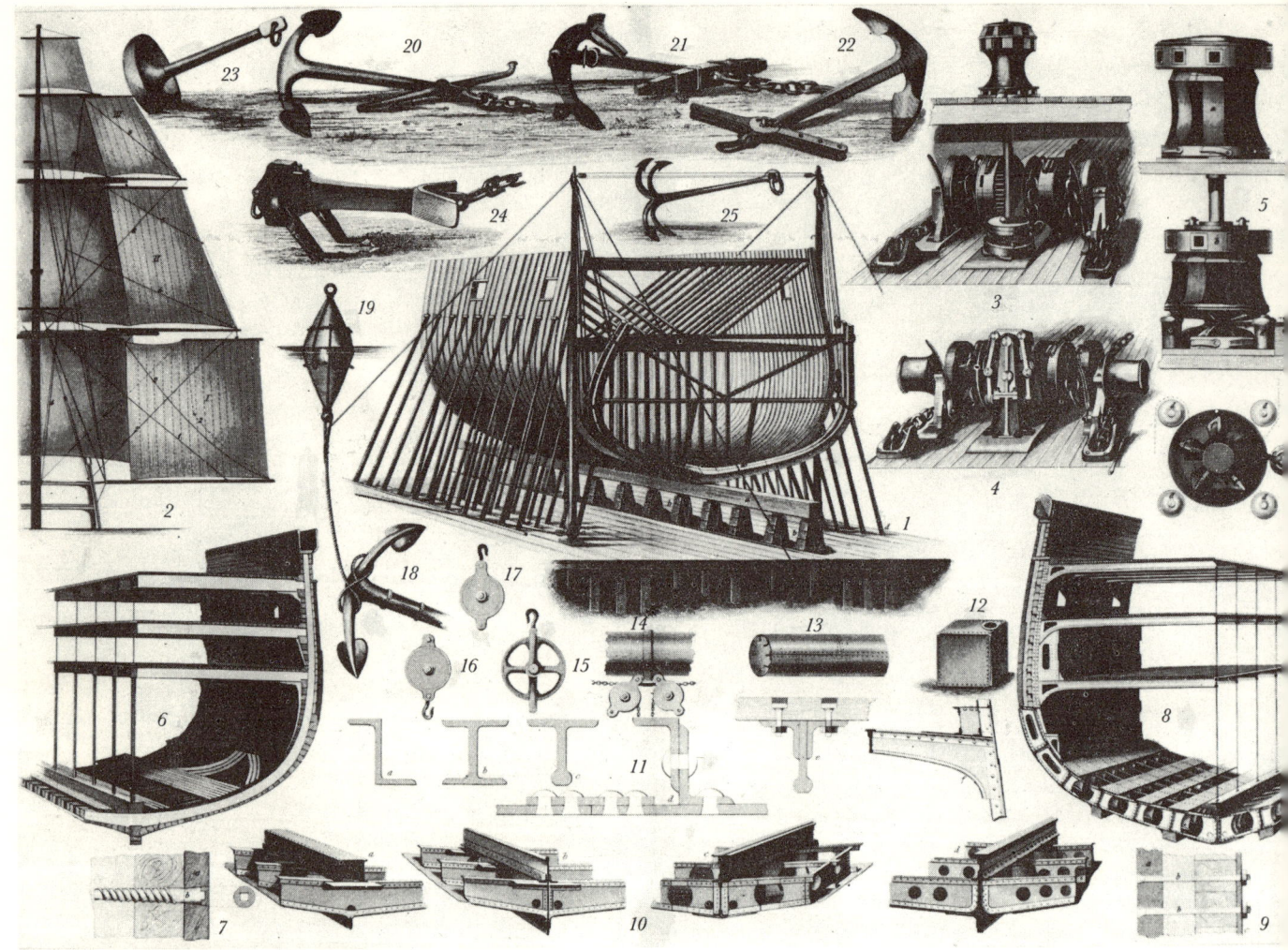

Schiffbauliche Details in einem Stahlstich aus dem Jahre 1871: 1 – Spanten-
richten; 2 – Ansicht der Leesegel; 3,4 – Patentspille von Brown und Harfield
für Handelsschiffe; 5 – Gangspill für Kriegsschiffe; 6 – Querschnitt einer hölzernen Panzerfregatte; 7 – Befestigung der Panzerplatten; 8 – Querschnitt der
Panzerfregatte «Wilhelm I.»; 9 – Befestigung der Panzerplatten; 10a bis d –
verschiedene Verbände in Eisen für Schiffsböden; 11a bis f – Façoneisenver-
bände der Schiffswand mit den Spanten und Decksbalken; 12 – eiserner Was-
sertank; 13 – Endstück einer eisernen Rah; 14 – eiserne Marsschootenblöcke
für Handelsschiffe, 15 – Wipprad; 16,17 – eiserner Unter- und Oberblock;
18,19 – Anker mit Ankerboje; 20 – Anker mit eisernem Stock; 21 – Porter-An-
ker mit hölzernem Stock; 22 – Anker mit beweglichem Stock; 23 – Pilzanker;
24 – Martins-Anker; 25 – Draggen

LITERATURAUSWAHL

Engels, F.:	Ausgewählte militärische Schriften, Bd. I/II, Berlin 1958.
Gorschkow, S.:	Seemacht des Staates, Berlin 1978.
Henriot, E.:	Geschichte des Schiffbaus, Leipzig/Jena 1955.
Lewtschenko, G.:	Morskoi Atlas, Tom III. 1, Moskwa 1959.
Marx, K.; Engels, F.:	Werke, Bd. 12 bis 14, Berlin 1962.
Matjewewa, T.:	Ubranstwo Russkich Korablej, Leningrad 1979.
Arenhold, L.:	Die historische Entwicklung der Schiffstypen, Kiel/Leipzig 1891.
Bath, A.:	Die Entwicklung der Schiffsartillerie. In: Artilleristische Monatshefte, Berlin 1908, H. 13.
Bloch, J. von:	Der Seekrieg, Berlin 1899.
Bobrik, E.:	Allgemeines Nautisches Wörterbuch, Leipzig 1848.
Bogoljubow, N.:	Istorija Korablja, Tom 1/2, Moskwa 1879
Bostelmann, F.:	Kurzer Abriß der Schiffsartillerie, Stade 1851.
Brommy, R.:	Die Marine, Berlin 1848.
Douglas, H.:	Abhandlungen über die Schiffsartillerie, Kiel 1850.

Hagedorn, B.:	Die Entwicklung der wichtigsten Schiffstypen bis ins 19. Jahrhundert, Berlin 1914.
Howarth, D.:	Die Kriegsschiffe (des 17. und 18. Jahrhunderts), Amsterdam 1979.
Jobé, J. (Herausgeber):	Der Segelschiffe große Zeit, Bielefeld/Bern 1977.
Macintyre, D.; Bathe, B. W.:	Kriegsschiffe in 5000 Jahren, Bielefeld/Berlin 1968.
Meurer, A.:	Seekriegsgeschichte in Umrissen, Leipzig 1942.
Michaelis:	Die Schiffsartillerie im Wandel der Zeiten. In: Marinerundschau Jg. 37, Berlin 1932, S. 500 ff.
Padfield, P.:	Waffen auf See, Bielefeld/Berlin 1978.
Paris, E.:	Segelkriegsschiffe des 17. Jahrhunderts, Rostock 1975.
Radunz, K.:	Vom Einbaum zum Linienschiff, Leipzig 1912.
Rittmeyer, R.:	Seekriege und Seekriegswesen in ihrer weltgeschichtlichen Entwicklung, Berlin 1907.
Schwarz, T.:	Die Entwicklung des Kriegsschiffbaues vom Altertum bis zur Neuzeit, Teil I, Leipzig 1909.
Stenzel, A.:	Seekriegsgeschichte in ihren wichtigsten

	Abschnitten mit Berücksichtigung der Seetaktik, Bd. 1 bis 3, Hannover/Leipzig 1907–1911.
Treue, W.:	Der Krimkrieg – Die Entstehung moderner Flotten, Göttingen 1954.
Weselago, F.:	Kratkaja istorija russkogo flota, Moskwa/Leningrad 1939.
Whipple, A.:	Krieg unter Segeln (Ende des 18. und Anfang des 19. Jahrhunderts), Amsterdam 1979.
Wille, R.:	Leitfaden der allgemeinen Maschinenlehre und der artilleristischen Technologie, Berlin 1874/1875.

Darüber hinaus lieferten vor allem zahlreiche Beiträge in den sowjetischen Zeitschriften «Morskoi Sbornik» (Moskwa) und «Sudostrojenie» (Leningrad) sowie die achtbändige «Sowjetskaja Wojennaja Enzyklopädija» (Moskwa 1977–1980) wichtige, größtenteils neuerschlossene Details und Daten zur Geschichte der russischen Segelkriegsflotte von 1696 bis 1860.

Bildnachweis

Archiv Verfasser (48); Bettman Archive (1); Deutsche Fotothek Dresden (1); Deutsche Staatsbibliothek (22); Zentrales Museum der sowjetischen Seekriegsflotte, Leningrad (2); Museum der Seeoffiziershochschule «M. W. Frunse», Leningrad (3); Bildergalerie Feodosija (1); Llewellyn (1); Museo Navale, Madrid (1); Museum für Deutsche Geschichte (10); National Maritime Museum, London (7); Peabody Museum, Salem (1); Rijksmuseum Amsterdam (2); Rienecker (5); Staatliche Kunstsammlungen Dresden (1); Staatliche Museen zu Berlin (3); Staatliche Museen zu Berlin, Kupferstichkabinett und Sammlung der Zeichnungen (6); Staatliches Museum Schwerin (4)

Aus folgenden Büchern wurden Abbildungen reproduziert: J. Charnock, An History of Marine Architecture, Bd. 1 bis 3, London 1801/1802 (12); E. W. Cooke, Shipping and Craft, London 1829 (9); A. F. B. Creuze, Treatise on the theory and practice of naval architecture, Edinburgh 1840 (9); J. D. J. Kelley, Our Navy, its Growth and Achievements, Hartford 1897; D. du Monceau, Elemens de l'architecture navale, Paris 1752 (6); R. Werner, Atlas des Seewesens. Separatausgabe aus der 2. Aufl. des Bilderatlas, Leipzig 1871 (11)

Folgende Verlage stellten fotografische Vorlagen zu Verfügung: Edition Leipzig; Sudostrojenie, Leningrad

ISBN 3-327-00476-5
Militärverlag der Deutschen Demokratischen Republik (VEB) – Berlin, 1982
3. Auflage 1988   Lizenz-Nr. 5   LSV: 0549
Lektor: Erika Rathmann
Gesamtgestaltung: Wolfgang Ritter
Zeichner: Roy Anderson (1), Georg Seyler (4), Harry Jürgens (2)
Fotografen: Karin Gebauer, Gerd Platow, Rudolf Streidt
Printed in the German Democratic Republic
Satz- und Reproarbeiten: Grafische Werke Zwickau III/29/1
Druck: Militärkartographischer Dienst (VEB), Halle
Buchbinderische Verarbeitung: INTERDRUCK, Leipzig
Redaktionsschluß: Januar 1987
Bestellnummer: 746 338 7
01700